最初の、ひとくち

益田ミリ

幻冬舎文庫

最初の、ひとくち

益田ミリ

saisho no hitokuchi

miri masuda

はじめに

大人になってしまうと、ちょっとやそっとの新しい食べ物では驚かなくなってくるもの。豆乳プリンとか黒豆ココアなど、新商品は次々に目の前に現れるが、なんとなく味や食感の想像もつき、「まぁ、今度買ってみるかな」くらいである。

思えば、子供時代って「すっごいびっくりした！」食べ物によく出会っていた気がする。人生の経験値がまだ低いという理由もあると思うけど、でも、それだけじゃなかった気がする。今と比べて店先に並んでいたお菓子や飲み物のバリエーションは少なかったし、出てくる新商品がいつもいつも目新しかった。

この本では、子供時代から今に至るまで、はじめて出会った「味」を、どういうふうに感じたかを書いてみた。と同時に、みなさんの心の奥に眠っていた思い出の箱がふんわり開くことを願って。

益田ミリ

最初の、ひとくちもくじ

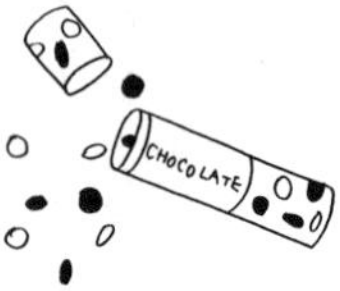

はじめに……5

おかし・おかし・おかし……11

ピノ……12
エンゼルパイ……16
とんがりコーン……20
おもいでおかし……24
エクレール……25
カラムーチョ……29
おもいでおかし……33
小枝……34
ミルクケーキ……38
キャンディ・キャンディのアイス……42
食べ歩きで旅行気分❶～沖縄料理～……46

飲み物あれこれ……49

コーラ……50
シェイク……54
おもいでおかし……58
アイスコーヒー……59
午後の紅茶……63
おもいでおかし……68
チューハイ……69
チャイ……73
おもいでおかし……77
冷やしあめ……78
発泡水……82
食べ歩きで旅行気分❷ 〜柳川鍋〜……86

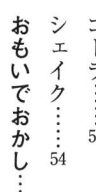

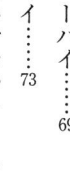

一品なのに存在感……89

ツナマヨ寿司……90

ふぐ……94

おもいでおかし……98

しゃぶしゃぶ……99

カレー……103

おもいでおかし……107

納豆……108

マンゴー……112

おもいでおかし……117

サクランボ……118

カフェ・オレ……122

食べ歩きで旅行気分❸～旅で出会ったデザート～……126

ちょっと贅沢……129

フルーチェ……130

アイスケーキ……134

手作りホットケーキ……138

おもいでおかし……142

パフェ……143

スフレ……148

おもいでおかし……152

ハーゲンダッツ……153

ラーマ……157

スパゲティ……161

食べ歩きで旅行気分❹～クロアチア料理～……166

その時、その場所の味……169
給食のデザート……170
機内食……174
おもいでおかし……178
夜なきそば……179
たこやき……183
おもいでおかし……187
バイキング……188
ビアガーデン……192
食べ歩きで旅行気分❺～シリア料理～……196
おわりに……199
文庫版あとがき……201

おかし・おかし・おかし

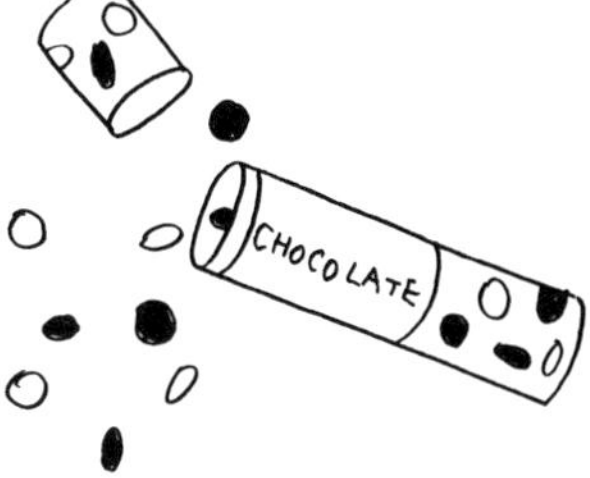

ピノ

子供の頃に食べたお菓子の話題。特に盛り上がるのはアイスクリームのような気がする。今ほど、一年中アイスクリームを食べる習慣がなかったせいか、「夏にだけ食べられる特別なお菓子」として思い出深いのかもしれない。決まって登場するのは、「宝石箱」とか「ホームランバー」あたりである。

思い出のアイスクリームの中で、わたしにとってもっとも画期的だったのはピノだ。ピノは駄菓子屋さんの前で立ち食いするタイプのアイスクリームではなく、家の中でテーブルに置いて食べねばならぬ、そんなニューフェイスなヤツだった。

ところで、ピノってまだ売ってるのかな？

スーパーに行ってみたら、発売から30年近くたっても健在だった。というか、パワーアップしていた。いちご味（果汁入り）や、パーティ用の箱入りなどと、アイスクリームコーナーで張り切っていたので嬉しくなる。

そのピノが発売されたのは1976年で、ピノのホームページを見てわかったんだけど、五つ子誕生、『限りなく透明に近いブルー』、「犬神家の一族」などで賑《にぎ》わっていた年だ。

わたしがはじめてピノを食べたのは、小学校の半ばくらいだった。親戚のおじさん夫婦が手土産に買ってきてくれたのがピノとの初対面だ。

それは、今までに見たことのないオシャレな箱入りだった。箱をペリペリと開けると、ひとくちサイズのチョコアイスがお行儀よく並んでいた。よく見ると、アイスに刺して食べるためのプラスチックのピックまで付いているというお上品さ。まさにアイス界の箱入り娘である。

だが、しかし、わたしはピノの箱を開けた瞬間、こう思った。

「量が少ないっ！」

ちっこいのがたった6個だけなんて……。

当時、100円のアイスは高級品だ。100円で容量が少ないアイスと、いつもの50円アイスだけど普通の容量。

タダでもらえるなら、一体、どっちがお得？

すばやく損得を計算していたのは大阪生まれのせいではなく、他ならぬわたしの性格によるものだろう。

それでも、ピノはチョコレートがたっぷりかかっていたし、ピックで刺して食べる行為が楽しくて、すぐにお気に入りのアイスクリームになったのである。

そういえば、ピノのピック。わたしが子供の頃は、ピックの頭に星座のマークが付いていて、どの箱になんの星座のピックが入っているのかは「おたのしみ」だった。はじめて我が家にピノがやって来た日、妹のピノのピックは「乙女座」だった。乙女座生まれの妹は、わたしが自分の星座である「水瓶座」じゃなかったことを知って、わざと自慢げにしてみせた。わたしはそれが内心すごく気に入らなかったのだが、

「そんなん別にいいもん」

と強がってみせたことを覚えている。

そのピックも、今はもう星座ではなく数字に変わっていて、その数字をピノのホームページに入力すると星占いができるのだ。値段も形式も変わってはいないが、ピノは確実に進化していたのであった。

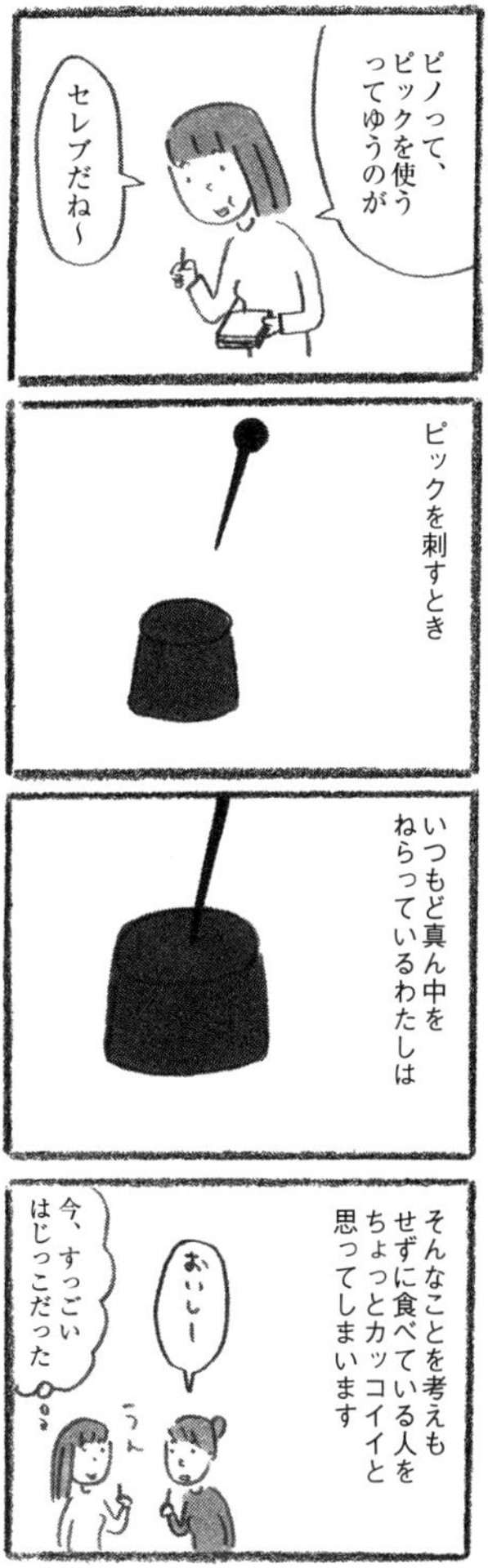
ピノって、ピックを使うってゆうのが
セレブだね〜
ピックを刺すとき
いつもど真ん中をねらっているわたしは
そんなことを考えもせずに食べている人をちょっとカッコイイと思ってしまいます
おいしー
うん
今、すっごいはじっこだった

エンゼルパイ

マシュマロが嫌いだった。

一体、どこの誰が美味《おい》しいと思って食べているんだろう？　と不思議に思うくらい、子供時代のわたしは、あのお菓子が苦手だった。歯ごたえは無気味だし、ねっとりまとわりつく甘さは、噛《か》めば噛むほどニュルリと口の中に溶け出してくる。いったん口に入れてしまうと、もう「甘さ」からの逃げ場がない……。誰かにもらって仕方なく食べることはあったけれど、自分で買ってまでは食べなかった。

だけど、そんな中、食べて美味しいと思った唯一のマシュマロのお菓子、それが森永のエンゼルパイだったのである。ご存じとは思うけど、エンゼルパイというのは、ビスケットにマシュマロを挟み、さらにそれをチョコレートでコーティングしたお菓子だ。

わたしのエンゼルパイ初体験は、小学校3年生の遠足のときだった。遠足の行き先はどこかの牧場で、放牧されている羊などをみんなで見学したような気がする。お昼休憩になったので、わたしは草の上にビニールシート（いや、あの頃は家庭用のゴミ袋を敷いていた気がする）を広げて、仲良しの女の子とふたりでお弁当を食べていた。

そこへタカシ君が接近してきたのである。

タカシ君と言えばクラスで一番のいじめっこ。わたしたちは緊張した。気をつけないと彼におやつを横取りされかねないからだ。タカシ君はとっくにお弁当を食べ終えて、自分のおやつが入った袋を手にブラブラ歩いて来た。そしてしきりに「うまい、うまい」を連発している。

やがてわたしたちの前で立ち止まると、

「エンゼルパイ食うたことある？」

と聞いてきたのである。わたしたちが「ない」と答えると、何度も何度も、もう、しつこいくらいに、

「うまいで、これ、めっちゃうまいで」

と教えてくれた。そしてついには「食べてみぃ」とエンゼルパイをひとつ、わたしたちにくれたのである！　2個入りのエンゼルパイのひとつをあげるということは、子供にはかなり勇気がいる行為である。しかもエンゼルパイは、予算が決まっている遠足のお菓子にするには高額タイプ。いわばタカシ君のおやつのメインディッシュではないか。

彼の予想外の行動にとまどいながらも、わたしたちは貰ったエンゼルパイを半分こして食べた。マシュマロ嫌いのわたしだったが、タカシ君がくれたエンゼルパイは、彼から受けるはじめての優しさもプラスされてか、すごく美味しかった。それに、ビスケットに挟まってしまえばマシュマロの甘さもマイルドになり、ニュルニュル感さえ気にならなくなっていた。

わたしたちが「おいしい」と言うと、タカシ君は、

「なっ、うまいやろ!!」

非常に満足そうだった。おそらくタカシ君も、この日はじめてエンゼルパイを食べたのだろう。そして、その美味しさを、たまたま近くにいたわたしたちに伝えずにはいられなかったのだ。いじめっこを優しい気持ちにさせたエンゼルパイ。まさに天使のおやつである。

さて、そのタカシ君。中学校に進学後は本格的なヤンキーになっていた。しかし、彼がつっぱればつっぱるほど、エンゼルパイに浮かれていた、あの遠足の日の可愛らしい彼の姿を思い出さずにはいられなかったのである。

エンゼルパイの表
ちょっとデコボコ
エンゼルパイの裏
まったいら
どうやって作るんだろう？
じー
って子供の頃から思いつつ、真実は知らぬまま
いつかわかんのか？

とんがりコーン

ヤバい、とまらない。とんがりコーンを久しぶりに食べたら原稿を書く手が止まってしまうほど美味しい。

それにしても、とんがりコーンを食べたのって何年ぶりだろう?

子供の頃はよく食べたんだけどなぁ。というのはちょっと見栄で、とんがりコーンは普段食べるには少し高めのお菓子だったから、そうひんぱんには買ってはもらえなかった気がする。

とんがりコーンが発売されたのは1978年。当時わたしは小学校の3～4年生頃である。

このお菓子の美味しさを教えてくれた人物は、うちの父親だった。

父はパチンコに勝つと、わたしと妹に、いつも余り玉でお菓子を土産にしてくれた。面倒くさがりなので、おそらく店員さんに適当に見つくろってもらっていたんだろうが、そんな景品の中にとんがりコーンが入っていたのである。

「この箱、変なカタチしとるなぁ」

縦長で六角形の箱を眺めながら父は驚いていた。こんなに自己主張しているパッケージの大衆菓子は、父にとってもはじめてだったに違いない。わたしも妹も、いつもはチョコレートにまっしぐらなんだけど、その日ばかりは不思議なカタチの箱のとんがりコーンに大注目である。

父が封を開けた。

父は話題の中心にいることが大好きなので、今から思えば娘たちに注目されていたこの瞬間、とても幸せだったに違いない。

そして試食。

「おおっ、これはうまいわ」

大袈裟《おおげさ》に感心する父。それにつづいてわたしと妹が食べた。とんがりコーンは、それまであったスナック菓子より味が「薄い」感じがした。バーベキューとか、しょうゆ味というわけでなく、塩気もマイルド。かっぱえびせんとはひと味違う「とまらない感」があった。

箱だけでなく、お菓子自体も新しいカタチをしていた。

「指にかぶせて食べたよね〜」

などと、大人になってから思い出話に登場するくらいのインパクトがあった。

とんがりコーンは新しかったし、美味しかった。

だけど、はじめて食べたあの日、わたしはもう少し違うところで舞い上がっていた。

とんがりコーンで喜んでいる父の顔を見て嬉しかったのだ。

うちの父は気が短く、思うようにならないことがあると、しょっちゅう食卓のものを壁に投げ付け破壊していた。わたしも妹も、そういう父のことを知っていたので、そのぶん父が楽しそうにしているとホッとした。

「とんがりコーン、うまいっ」

はしゃいでいる父を見て、あの日、子供ながらに「おいしい、おいしい！」と一緒になって盛り上げていたのである。なんと、健気《けなげ》なことよ。そんな父の短気は、月日が流れた今でもまだまだ健在なのである。

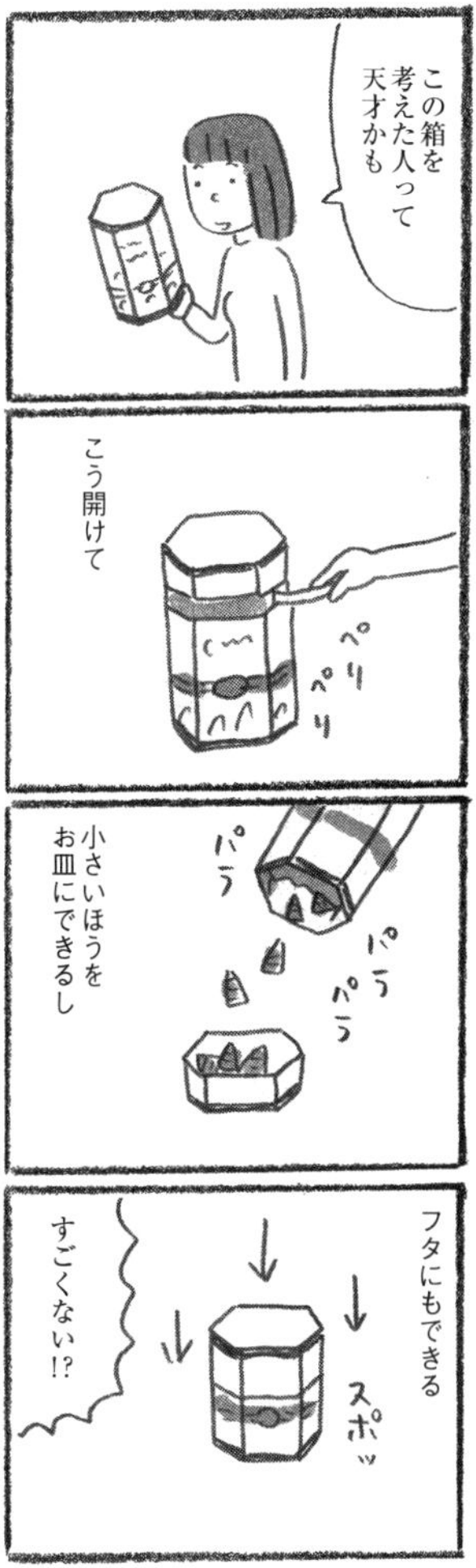

この箱を
考えた人って
天才かも
こう開けて
ペリ
ペリ
小さいほうを
お皿にできるし
パラ
パラ
パラ
フタにもできる
スポッ
すごくない!?

おもいでおかし
どうして子供はオリジナル加工をしてお菓子を食べるのでしょう？
アーモンドチョコレート、まわりからかじってアーモンドのカタチにして食べた
きのこの山はクラッカーだけにしてみた
ぬっ
大人と同じようには何かを作り出せないもどかしさってあったと思う「ほら、わたしだってこんなことできるんだよ」って証明したかったのかも

エクレール

クリープをなめるのが大好きだった。

コーヒーに入れるあの粉のミルクのことである。

子供の頃、学校から帰って母が家にいないときなどは、こっそりあれをよくなめていた。いや、最終的にはスプーンでざっくりと食べていた。ただ甘いだけではない。深みのあるまろやかさ。口の中で溶け終わったときの、まったりした余韻がたまらなかった。

クリーミィな甘さと言えば、不二家のエクレールも大好きだった。キャラメルの中にとろりとしたクリームが入っていて、それが口の中に広がったときの旨《うま》さといったら！　わたしはバニラ味ばかり食べていたのだけれど、他に、コーヒー味、チョコレート味があった気がする。

はじめてエクレールに出会ったのは駅の売店だった。小学校の高学年の頃だったと思う。

当時、家族で親戚の家に行くときは、電車に乗る前に売店でお菓子を買ってもらえることになっていた。わたしと妹、どれでも好きなものを選んで良いのだ。と言っても、チョコレートやスナック菓子はポリポリ食べればすぐになくなるし、ガムはなくならないけど食べた気がしない。そうなると、やはりキャンディが無難で、わたしたち姉妹は、たいていチェルシーを買ってもらっていた。

そんなあるとき、我らの前にエクレールは現れたのだ。

なぜ、その日に限って売店でエクレールを買ったのかは覚えていないが、たぶんチェルシーの箱と似ていたから間違えてしまったのではないかと思う。

「あれ？　なにこれ、クリーム入ってるで！」

大好物のクリープを思わせる重厚なクリーミィさにびっくりした。

それからというもの、わたしたちはチェルシーそっちのけでエクレールひとすじだ。

「キャラメルを噛むと歯の詰め物がとれる」

母にいつも注意されていたが、言われなくてもエクレールは絶対に途中で噛まなかった。キャラメルからクリームが出てくる瞬間をゆっくりゆっくり舌の上で待って楽しんでいたのだ。

そして、食べ終わってからも口の中をエクレール味にしておきたかったから、すぐにはお茶などを飲まないように心掛けていた。

実は、このエクレールより前に、同じ不二家からソフトエクレアという商品が発売されていて、テレビのコマーシャル（ユーミンの曲だったと思う）では知っていたが、食べたことはなかった。しかし、あるとき、誰かにソフトエクレアを貰って食べたところ、

「ソフトエクレアとエクレールは味がそっくり！」

ということが判明した。

というわけで、それからは電車に乗るときは携帯サイズのエクレール、普段の生活にはファミリーサイズのソフトエクレアなどと、食べ分けるようにまでなっていたのである。

もう売ってないけど、久しぶりに食べたいなぁ。

こうして書いているだけで、口の中にクリーミィな思い出がよみがえってくるのである。

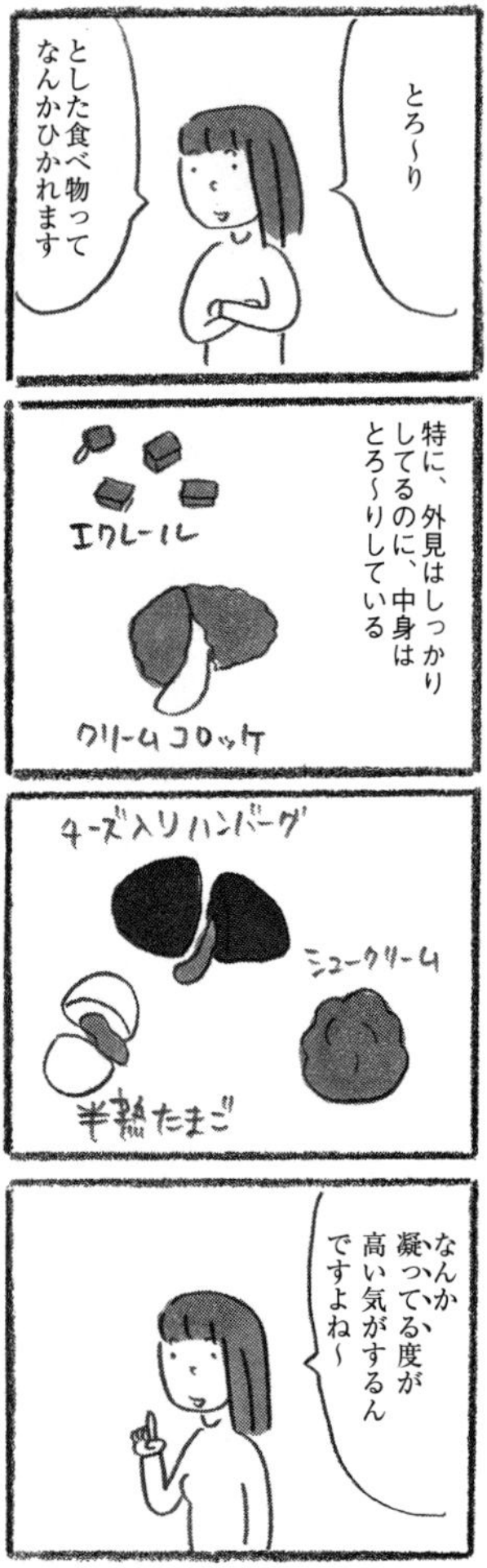

とろ〜り
とした食べ物って
なんかひかれます
特に、外見はしっかり
してるのに、中身は
とろ〜りしている
エクレール
クリームコロッケ
チーズ入りハンバーグ
シュークリーム
半熟たまご
なんか
凝ってる度が
高い気がするん
ですよね〜

カラムーチョ

カラムーチョをはじめて食べたときのことを書こうと思い、久しぶりにカラムーチョをコンビニへ買いに行って驚いた。どうも世の中は辛いお菓子が流行《はや》っているようである。ざざっと見たところ、カラムーチョの他にもベビースター激辛カレーやらハバネロ・サルサソース仕立てやらドンタコス・メキシカンチリ味やらドリトス・メキシカンタコス味などと、辛そうな文字が乱舞していた。刺激を求めてコンビニにやってくる人がこんなにたくさんいるのかと思うと、なんとなくおっかない気が……。

さてカラムーチョである。

カラムーチョはコンビニに2種類並んでいた。細切りタイプとポテトチップスタイプの形状違いである。わたしが昔から知っているのは細切りタイプだが、とりあえず両方買ってみることにした。カラムーチョを2袋買っているわたしの顔つきは、心なしか「刺激を求めている女」になっていたように思う。

「カラムーチョ」が売り出されたのは１９８４年。当時わたしは15歳である。はじめてテレビのコマーシャルを見たときは、一体なにごとかと思った。

アニメのお婆さんが、

「ヒーヒー」

と悲鳴をあげているではないか。

どんだけ辛いんや？　このお菓子は！

うちの家族の中で、このカラムーチョにもっとも反応していたのは小学生の妹であった。もちろんわたしも興味があったが、わたしたち姉妹は「自分たちのお小遣いの中からお菓子を買うのは損だ」という共通のセコい考え方があったので、なかなかカラムーチョに手を出せずにいた。いつもなら食べたいお菓子があれば母親に頼み、夕飯の買い物のときに買ってきてもらうんだけど、カラムーチョはダメだった。「カラダに悪そう」ということで、母からの評判がいまひとつだったのである。

そんなある日、新商品好きな親戚のおじさん夫婦が、

「これ、辛いんやでぇ」

とカラムーチョを手土産に、うちに遊びに来たのである。

超ラッキー！

気になっていたカラムーチョの袋をおそるおそる開けると、強烈なにおいがした。屋台の熱気みたいなムワッとする感じ。色も赤い。わたしと妹は「お茶、お茶」などと、食べる前に大袈裟に準備し、盛り上がっていた。テレビで心霊写真を見るときみたいな、怖いけど見たい、見たいけど怖い。そんなドキドキだ。

カラムーチョは本当に辛かった。わざと「ヒー」と言いながらお茶を飲みつつ、少しずつ食べた。お土産なのだから、母もカラムーチョを黙認である。というか、自分も、

「そんな辛いん？」

と、嬉しそうに食べていたっけ。

ひとつのお菓子を一族でワイワイ言いながら食べたあの時代。懐かしくもあり、またアホくさくもある。

カラムーチョ。

こんなに大騒ぎしたスナック菓子、他にはなかったような気がする。

カラムーチョ久しぶりに食べたけど
けっこーおいしー~
パッケージにカラムーチョのホームページのアドレスが……
ん?
「あなたのヒー度がわかる」
やってみよ
ヒマ
カタカタ
わたしのヒー度は「52ヒー」だった
ヒーって一体……

※現在は携帯サイトのみ

おもいで
おかし
まだまだやった
オリジナルの
食べ方②
アポロ
ピンクだけ
残して最後に
食べる
不二家
ポップキャンディ
ペロペロ
すごく
うすくして
（横から）
切れるくらい
するどく!!
かき氷のコーヒーフロートは、
中央のバニラアイスだけ
先に全部食べて、
あとで
牛乳を
流し入れて
オリジナル

小枝

わたしが生まれたのは1969年。人類がアポロに乗って月面着陸した年だ。これにあやかって発売されたのが今でも現役の明治のアポロチョコレートなのだそう。アポロチョコレートとわたしは同級生ということになる。

さて、現役といえば森永の「小枝」。こちらはアポロチョコレートの2年後に発売されたのだが、アポロチョコレートと同様ロングセラー商品だ。

わたしがはじめて小枝と出会ったのは、幼稚園のときくらいだろうか。うちに遊びに来た親戚のおじさん夫婦（初ピノも、初カラムーチョもこのふたりの手土産）が持って来てくれたのだが、チョコレート好きのおじさんは、なんと、自分専用にひと箱別に持参してきていた。

「これ、ホンマにうまいで」

などと、大人の男の人がチョコレートをバクバク食べる姿に、わたしは不思議な感じがしたものだ。うちの両親は甘党だけど、どちらかというと和菓子派。というか、わたしがまだ幼かった当時は、オッチャンが「チョコレート大好き！」なんて言うのはちょっと珍しかったような気がする。今みたいに、カカオ80％とかポリフェノールが身体《からだ》にいいとか、そんな大人向けにはなっておらず、チョコレートは、若者が食べる甘いお菓子でしかなかったのである。

はじめて食べた小枝は、本当に小さい枝みたいなカタチ。でこぼこ感が妙にリアルで、スティック状なのに、ポッキーみたいに中にスナックが入ってない。全部がチョコレートというのが贅沢だ。くだいたアーモンドもこうばしく、いい感じだ！　と思った。

そしてなにより、おじさんの大袈裟すぎるほど大袈裟な、

「これ、ホンマにうまいな～」

というセリフが美味しさ度をアップさせていたような気がする。

さらに輪をかけるのがおばさんだ。

「うちの人、毎日食べてんのよ」

大人の男が毎日食べるチョコレート、小枝。わたしはそんな話を耳にして、ますます小枝が素晴らしいチョコレートのように思えたのだった。

しかし、問題がひとつあった。

子供がチョコレートをたくさん食べると鼻血がでる。母にそう言われていたので、ひと箱全

部たいらげることは許されていなかった。

「半分だけね」

母の命令にそむけるわけもない。

さらに、小枝が入っている容器は、ちょうど半分のところで一度区切られていたので、多めに食べるとすぐにバレてしまうのだ。


あーあ、おじさんは全部食べてるのになぁ。


半分しか食べられない子供の自分がもどかしかった。

大人になったら、たくさんチョコレートが食べたい！

そう思っていたわたしだけど、実際は、肌荒れとか、体重とか、いろいろ後の問題を考えると、大人になったからといって、そうバクバクとは食べられない代物《しろもの》だったのである。

昔、「小枝」の空き箱を
小物入れにしてました
実用的ですね〜
ビンボーくさいですけど……
実用的といえば
えーっと
「枝」という字を書くとき、なんとなく
「小枝」を思い出してます

ミルクケーキ

中学2年生のときの林間学校は、長野県のどこかの山だった。季節は初夏。一泊二日だったと思うけど、大阪からバスに乗って出かけた。

そこでナニをしたかというと、家から持って来たビニール袋を手に山菜採りである。しかも、500人ほどの生徒がいっせいにだ。写真を見ると、わたしもダサいジャージ姿で参加しているのだが、山菜を摘んだ記憶がない。泊まった民宿で天ぷらにしてもらったような気もするが、もう忘れてしまった。

夜は炎の前でフォークダンス。カッコ悪くて嫌だ、という顔をして踊っていたけれど、内心はまんざらでもなかった。好きな男子と手を繋《つな》げるのはやっぱり嬉しかったし、同じことを繰り返す踊りも、実はかなり心地よかったのだ。わたしは今でも盆踊りが好きで、毎年、友達と踊りに行っているくらい。

さてさて、この林間学校で、わたしはあるお菓子と出会ってしまったのである。

その名はミルクケーキ。

民宿の売店で発見したのだが、今まで見たこともないタイプのお菓子だった。値段も安かったので取りあえず家のお土産に買い、家で小学生の妹と食べてみたところ、もう、すっかりミルクケーキの虜《とりこ》になってしまったのである。

白くて薄い板状の飴のよう。ほんのりと牛乳の味がして、甘さは控えめなんだけど濃厚だ。練乳とか、クリープをなめたときのこくのある後味に似ている。でもミルクケーキは練乳でもクリープでもない固形タイプ。なめるのではなく、バリッバリッと噛み砕いて食べる感じ。

こんなにおいしいんだったら、もっと買ってくればよかった！

そうは言っても後の祭り。長野県まで買いに行けるわけもない。

いつかまた、あの不思議なお菓子が食べたいなぁ。

わたしも妹も、ふたりそろって残念がっていた。だから、それから何年かして、妹が中学生になり林間学校かなにかでミルクケーキを買ってきてくれたときは、今まで貰ったどんなお土産よりも嬉しかったものだった。

そして、現在、東京に住んでいるわたしは、あの幻のミルクケーキを、近所のスーパーで普通に買って食べている。製造元を見ると山形県で、大阪のスーパーでは見かけなかったのに、こっちでは別に珍しくないみたいなのである。

東北地方出身の友人は、

「ミルクケーキって、昔からよく食べてたよ」

などと、なんの感動もないのだ。

わたしは言いたい。

こんなに美味しいお菓子を当たり前のように食べられることを、もっと感謝したまえ！

東京のスーパーで買ったミルクケーキの正式名称は「おしどりミルクケーキ」。パッケージの裏には、「風味栄養の点で他のお菓子には見られないユニークなものです」と書かれている。まったくそのとおりだ。わたしは、東京に来てから、このミルクケーキを何袋食べたかわからない。たぶん一生飽きない気がする。はじめて食べたときから、ずーっと大ファンのお菓子なのである。

ミルクケーキ
ただ、なめるだけでも良し
うっとり
バリバリ食べるのも良し
バリ
ボリ
ワイルドに
どっちにしろあと何本って
決めないととまらないお菓子です

キャンディ・キャンディのアイス

キャンディ・キャンディが大好きだった。

1975年に「なかよし」というコミック誌で連載がはじまったマンガである。キャンディという少女が、大人になっていくまでの山あり谷ありのドラマチックな物語だ。

などと、一応、キャンディ・キャンディを知らない世代の方のために書いたけれど、知らないと考えただけで「もったいない！」と思ってしまうわたし。マンガというのは、子供時代、人それぞれに夢中になった思い出の作品があるもの。だからキャンディ・キャンディを知らなくても大きなお世話なんだけど、もう、本当に大好きだったから、つい「もったいない！」と熱くなってしまう。ちなみにわたしの場合、コミックで読んだ思い出よりも、テレビでの放映のほうが鮮明だ。

当然、その頃は、キャンディ・キャンディの絵がパッケージになっているお菓子なら迷わず食べていた。

中でも一番好きだったのがキャンディ・キャンディのアイスキャンディ（ここまで何回キャンディと書いただろう？）。

ひいきするわけではなく、キャンディ・キャンディのアイスは、真剣に美味しかった。ただのミルク味のアイスキャンディじゃない。なんと、ミルクアイスの中に、イチゴジャムが入っていたのだ。

この夢のようなハーモニー！

はじめて食べたとき、

「やっぱりキャンディ・キャンディはすごい」

と真面目に思ったものだった。

ちょうどその当時、子供たちの間ではサンリオグッズの大ブームでもあった。家の近所にも専門店があり、地元の子供たちでいつも満員だった。店の奥には小さな飲食スペースがあり、ジュースやクッキーなどが食べられるようになっていたのだが、なぜかそこにキャンディ・キャンディのアイスキャンディも売られていたのだ。

大好きなサンリオショップで、大好きなキャンディのアイスを食べる。幸せなひとときだ。

ただ、キャンディ・キャンディのアイスにも残念な一面があった。イチゴジャムが、最初の

3くち目くらいまでしか入っていなかったのだ。はじめて食べたときには、ジャムが入っているなんてすごいぞ、と感激したものの、食べていたら、すぐに普通のミルク味のアイスキャンディになってしまった……。

だから、友達に「ひとくちちょうだい」と言われると悲しかった。子供同士のマナーでは、仲良しの友達には最初のひとくちをあげるのがルールだったので、キャンディ・キャンディのアイスの「ひとくちちょうだい」は、貴重なジャム部分を失う手痛いお願いだったのである。

キャンディ・キャンディ。

懐かしいなぁ。

そばかすがあって鼻ぺちゃだけど、登場するあらゆる男前たちがキャンディに恋をする。子供のわたしにとって、キャンディは「希望」をくれる女の子だった。

キャンディの絵が描いてあったキャンディ・キャンディのアイスのビニール袋。きれいに洗って大事にしていたけれど、いつのまにかなくなっていた。

キャンディ・キャンディの
ペットはアライグマ
でした
名前は
クリンです
当時、うちで飼っていた
モルモットの名前は
当たり前のように
クリンでした

食べ歩きで旅行気分❶

沖縄料理

沖縄料理をはじめて食べたのは、わたしが大阪から上京してすぐの頃だから、今から10年前のこと。なぜ、わたしがその席にいたのかはよく覚えていないのだが、とにかく若者20人くらいで居酒屋で飲んでいた。

その居酒屋が閉店時間になったので、じゃあ、もう一軒行くかと団体で店を出ると、

「沖縄料理屋に行こう」

誰かが言い、わたしたちは沖縄料理屋さんに向かった。

そこにいたメンバーは、若手の芸人さんや劇団の人たち、役者志望の人、あとはなにをやっているのかよくわからない人。

わたしは友達の友達という、ほとんど面識のない女芸人に連れられてそこにいたのだが、もうその人の名前も忘れてしまっている。

イラストレーターになろうと実家を離れたばかりだったわたしは、

「みんな同じ仲間なんだなぁ」

嬉しくなったものだった。

沖縄料理のお店で、みんなが「こんな仕事がしたい」「あの番組に出たい」などと話しているのを聞きながら、わたしは目の前にある初体験の沖縄料理をほんの少し食べた。なぜほんの少しかというと、料理をたくさん注文しなかったからだ。

20人もいるんだからもっと頼めばいいのに。

最初はそう思っていたんだけど、途中で、みんなお金がないんだと気づいた。ゴーヤーチャンプルも、ソーキそばも、島豆腐も、みんな遠慮してあまり食べず、夜通しちびちびと泡盛を飲んでいた。だから、わたしのはじめての沖縄料理は、実量が少なすぎて味がよくわからなかったのである。

そしていよいよ、始発電車が動きだした頃、「役者」だというひとりの男が会計をはじめた。お前は3000円、お前は1000円、お前は払わなくていい。少し年上、と言ってもたぶん32〜33歳くらいだから、今のわたしよりも年下だったんだろうが、その彼が、そこにいる若者たちの経済状況を考えて支払う金額を決めていた。

初対面のわたしは「500円」と言われた。イラストレーターを目指して上京してきた貧乏な若い女の子として、彼の目には映ったのだろう。だけど、実をいうとわたしは会社に6年勤めた後に上京してきたので、200万円くらいの貯金がまだ残っていた。だから、そこにいた人たちの中ではお金を持っていたほうだと思うんだけど、言われたとおり500円を払った。ちょっと騙《だま》しているみたいな気持ちになった。そして残りの2万円だか3万円だかを兄貴肌の彼が支払い、若い人たちはずいぶんその人を慕っているようだった。顔だちもなかなかの男前だったように思う。お店の人とも仲が良かったし、沖縄出身だったのかもしれないなぁ。

彼は、別れ際に、頼んでもいないのにわたしの名刺入れにマジックでサインをしてくれたけど、二度と会う機会がなかったし顔も覚えていない。サインも消えてしまった。

あの人の夢は叶《かな》ったんだろうか？　あそこにいた人たちの中に、夢が叶った人は何人いるんだろう？　今も沖縄料理を食べに行くと、そんなことを思うのである。

飲み物あれこれ

コーラ

世界中でおなじみの飲み物コカ・コーラ。

調べてみると1886年に、アメリカの薬剤師によって発明されたものらしい。

日本には大正時代に入ってきて、一般的に発売されるようになったのは1955年過ぎとのこと。

わたしがコーラをはじめて飲んだのは、小学校の1年生くらいのときである。考えてみると、アメリカでコーラが発明されてから、すでに100年近くたっているのだ。

飲んだ場所は幼馴染《おさななじ》みの子の家で、季節は夏。そこのおばちゃんが出してくれた。

コーラという飲み物があることは知っていた。

だけど、うちの母には、

「子供はダメ」

と禁止されていた飲み物だ。

せっかくおばちゃんが入れてくれたから飲まないと悪いし、お母さんにはダメと言われているし。

わたしは、コーラを前にとまどっていた。

どうしよう……。

迷っているわたしの隣では、すでに年下の幼馴染みがコーラを飲みはじめている。

そして、わたしはその子の次のひとことで、コーラを飲む決意をしたのだ。

「こわいの？」

お母さんが怖いの？

という意味ではなく、
この真っ黒い飲み物が怖いのか？

と聞いていたのだ。

子供にもプライドはある。

年下の子が飲んでいるものを飲めないのはカッコ悪い。なかば意地になり、こうしてわたしは初コーラを飲んだのである。

口の中でビチビチはじける炭酸は、ラムネよりもハードなビチビチのような気がした。鼻のあたりに炭酸が飛んでこそばゆい感じもする。

わたしは、この刺激てんこ盛りのコーラの味をなんと表現していいかわからず、最終的にはこう言っていた。

「からい!」

刺激=辛い、だったのだ。おばちゃんは笑っていた。

こんなふうに味の評価はできなかった初コーラだが、子供たちの間ではコーラをいっきに飲みほせる子は「スゴイ奴」ということになっていたので、当然わたしも頑張った。目をぎゅっと閉じ、息継ぎをしないよう必死である。その後のゲップの大きさまでも競いあっていたものだった。

大人になった今は、誰にもコーラを禁止されなくなったわけだけど、飲むことはあまりない。ダメッて言われれば、また飲みたくなるのかもしれない。

最近、駄菓子屋さんで粉末コーラを発見
まだあった
買ってみたもののもう味はわかってる
子供の頃はよく飲んでたな〜
あ
発泡タイプの水で作れば、本物に近づくかも？
ペリエ
↑ペリエ
と思ったけどそうでもなかった
コーラを粉末にするアイデアが、やっぱスゴすぎるのかも

シェイク

うんと昔、わたしの地元の駅前には、マクドナルドでも、ロッテリアでもなく、小さなドムドムがあった。

というわけだから、わたしのハンバーガー初体験はもちろんドムドムだし、シェイクという飲み物をはじめて知ったのもドムドムだった。ちなみに日本で一番最初にハンバーガーショップを出店したのがドムドムらしい（１９７０年）。

小学校の1、2年生くらいのときである。誰にかは忘れたけど、ドムドムでシェイクを買ってもらった。たぶん友達のお母さんだったと思うが、とにかく自分の親ではなかった。溶けたアイスクリームをストローで飲む、というのが、もう可笑《おか》しくて可笑しくてたまらず、わたしは笑いながら飲んだ。ドムドムには客があふれていて、座る席もなく、わたしたちは立ったままだった。その光景が今でも鮮明に頭に浮かぶ。

初シェイクはメロン味だった。バニラではなく、迷わずメロンを選んでいた自分がなんともいえず貧乏くさいが、わたしはこの不思議な飲み物のことをとても気に入ったのだった。

それからしばらくして、母とどこかに出かけた帰り道のことである。わたしは駅前のドムドムに母を引っ張っていった。あの飲み物を母にも飲んでもらいたかったし、もちろんもう一度自分も飲みたかったからだ。

しかし、わたしはシェイクという名前を知らなかった。

アイスが溶けたやつ、という曖昧《あいまい》さで入店し、母親には「メロンのジュース」としか伝えられなかったのだ。

そして悲しいことに、母がそのとき注文したのは、メロンはメロンでもメロンソーダ……。

母もまた、シェイクという飲み物を知らず、メロンのジュースと言えば、メロンソーダしかないものと思っていたわけである。

わたしはメロンソーダを飲みながら、

（ちがう、これちがう！）

と思っていたんだけど、せっかく買ってもらったので黙って飲んだ。そして、その後、何度かドムドムに母と行ったのだが、悲しいかな、毎度、毎度メロンソーダを飲まされるハメに……。

「あんた、いつものやつやろ？」

母は、わたしがメロンソーダ好きと決めつけて注文しつづけていたからだ。

間違っとるっちゅーの!!

どんなきっかけからシェイクという名を知ったのかはさだかじゃないが、再会したときは感激した。

「これこれ、このアイスが溶けてるやつ」

液体でもなく固形でもない魅惑的な喉《のど》ごしにうっとりしつつ、ストローでおもいっきりシェイクを吸い上げたのだった。

ところで、最近、ドムドムの前を通りかかったとき、メロンシェイクってまだあんのかなーとメニューを覗《のぞ》いたら健在だった。久しぶりに飲んでみようかと思ったが、やっぱりやめた。いい思い出として残しておきたかったから。

アイスクリームを
ちょっと溶かして
ストローで飲んだり
アイスクリーム
買ってきたシェイクを
わざわざ冷凍庫で
アイスクリームにして
食べたり
シェイク
シェイクを
おもいっきり吹いたり
うーっ
シェイクが目新しい
ときって、こうゆう
ことしたよね〜
してない
友

おもいでおかし
まだまだやったオリジナルの食べ方③
ポッキー
ペロ
ペロ
ポッキーのチョコを全部なめてから食べた
プリッツに変身!!
ooo
へへへ
ミニポッキーにしたり
先のチョコだけなめてどっちからも持てるポッキー
ほら
持つとこないポッキー

アイスコーヒー

タバコ、お酒、コーヒー。

母にどれも「子供はダメ」と言われていたけれど、コーヒーは微妙な存在だった。タバコとお酒は開始年齢が法律で決まっているから納得がいくが、コーヒーに関しては、

「子供には強すぎるし、夜眠れなくなる」

というのが母の理由だった。

しかし、そのわりにはコーヒー牛乳はOK。コーヒーキャンディもOK。ロールケーキのコーヒー味もOKで、コーヒーチョコレートもOK。

コーヒー味は大目に見られているのに「コーヒー」として飲むことは禁止。子供ながらに、なんかモヤモヤするなぁと思っていた。

ちなみにコーヒーガムというものがあったのをご存じでしょうか？

このコーヒー味のガム。わたしが6〜7歳くらいのときに、近所の銭湯で出会った。なんで

銭湯だったのかというと、脱衣場の隅に設置されていたパチンコゲームの景品がガムだったからである。

いつもはフルーツ味か、梅味のガムが景品なのに、あるとき、お風呂屋のおじさんがくれたガムは茶色いパッケージ。

「コーヒーガム!?」

包み紙を見て驚いたわたし。おそるおそる噛んでみたところ、その強烈な甘さに、いくら甘いもの好きの子供といえど「無理」と思った。まずかったなぁ、あのガム。まずかったけど、そのまずさがクセになり、わたしはコーヒーガムを次第に好きになってしまっていたっけ。最近コンビニで復刻版が出ていたので買ってみたけど、あいかわらずの激甘ぶりで「これは、これでいいのだ」と妙に嬉しかった。ロハスとかスローライフとか、そういう世界をまったく無視したケミカルな味わいである。

さて、コーヒーガムはおいといてコーヒーである。

小学校の4年生の夏のことだ。母のおしゃべり仲間である近所のおばちゃんが、子供連れで我が家に遊びに来た。子供たちにはカルピスかなんかを用意されたのだが、わたしと同じ歳《とし》の女の子は「アイスコーヒーがいい」と言った。

子供なのにコーヒー？　ダメに決まってるだろうが！

わたしは心の中で思っていたのだが、その子のお母さんはダメとは言わなかった。チャンス到来である。

「お母さん、わたしもコーヒー」

早速おねだりしてみた。母は、おばちゃんの手前「子供はダメ」とも言えず、わたしは牛乳が混ざっていない、初コーヒーに踏み切ることができたのである。

はじめてのアイスコーヒー。

プチッと折って開ける小さなコーヒーフレッシュを入れた。ひとつひとつの作業が大人っぽくて嬉しかった。ガムシロップをたくさん入れてもらったので、苦味もなく、甘ったるい味ではあるんだけど、大人と同じようにしている自分に胸が高鳴った。『赤毛のアン』の中で、アンが友達のダイアナをひとりで午後のお茶に招待するシーンがあったが、アンの気持ちがよくわかる。アンが大人の作法で友達とお茶を飲むことに憧れていたように、わたしもまた、コーヒーを飲む大人の雰囲気に恋い焦がれていたのである。

アイスコーヒーにコーヒーフレッシュを入れて
かき混ぜずにそのまま飲む人を
たま〜に見かける
人にはいろんなこだわりがあるんだな〜
んっ、

午後の紅茶

レモンティーというのは、本当に美味しいものなんでしょうか？

わたしはいつまでたっても、

「何か違う」

という感覚から逃れられない。

飲むことは飲む。

だけど、ここにレモンを入れるのが正解なのか？

と毎回、疑問に思ってしまうのである。

後味が渋くて酸っぱい。イガーッとする。喫茶店で紅茶を頼むときはたいていミルクにする
が、ごくたまに、
ビタミンCはお肌にいいからな〜

と思ってレモンティーにして、飲みはじめるとすぐに後悔するのである。

もともと紅茶というものを飲み慣れていないからかもしれない。自宅でゆったりと紅茶をいただくような家庭が世の中にはあるようだけど、わたしが育った家の場合、その光景をどーやっても想像できない。夏も冬もオール冷たい麦茶という環境だったせいではないかと思う。

さて、そんなわたしが、短大生の頃にハマったのが「午後の紅茶」である。

これは、レモンとかミルクという味付けではなくて、ストレートティーなる分野。ほんのり甘いけれど、お茶感覚でガブガブ飲むという新しいコンセプトだった。今では当たり前にある商品だけど、当時は、

紅茶を缶で飲むの？

などと友達の間で話題になったものだ。

最初、同級生たちが、

「午後の紅茶、午後の紅茶」

と言っているのを聞いても、わたしはなんのことかさっぱりわからなかった。

なんで、午後は紅茶なわけ？

バイトばかりしていたわたしは、普段はテレビをほとんど見ていなかったから知らなかったのだ。

そういう商品名だとわかったときは、くだらないと思った。くだらないけど、そのくだらなさが気に入って、わたしは毎日飽きもせずに、

「午後はやっぱり紅茶やな〜」

などと言いながら、学校の中庭で飲んでいたのである。

大きめのサイズで100円（発売当初は細い缶だったようだけど、わたしが最初に飲んだのは大きめサイズになってから）。

渋みがなく、ちょうど良い甘さ。

はじめて「午後の紅茶」を飲んだとき、その水っぽさが心地いいと思った。でも甘味もあるから、おやつ代わりにもなる。大きい缶だからお腹《なか》も膨れるし、まさに一石二鳥だ。

わたしは、財布の中に午後の紅茶を買うためのお金、100円だけを入れて学校に通うこともしばしばだった。電車やバス代は定期券があるので、所持金100円でもなんとかなっていたのだ。

それにしても、短大生にもなって、なぜわたしは「午後の紅茶」代のみを財布に入れてしばしば学校に通っていたのだ？

答えは簡単で、お金がなかったのである。

美術系の短大に通っていたのだが、その中でも画材費が高い油絵を専攻していたので、バイト代はだいたい画材に飛んでしまっていた。親に言えば貰えるものの、ビンボーな家から「芸術」などという将来のアテが薄い学校に入れてもらったんだから、せめて画材代くらいは自分で稼がなければと、できるだけ自分でやりくりしていたのである。

まあ、そうは言っても、バイト代でつい洋服を買ったり、学校が京都だったので、帰りに友達と老舗《しにせ》の甘味屋さんに寄ったり。当時、大流行していたディスコに割引き券で入店し、踊れもしないくせに鏡の前で踊ったりもしていたわけだけど、しかし、

自分でやりくりしなければ！

という心意気は、しかと胸にあった。

だから、昼食はお弁当持参。学校内でのおやつは「午後の紅茶」。たまにスーパーマーケットで買うバームクーヘンか、たこやき付き。慎ましい学生ライフである。

将来を考えるといつも不安だったあの頃。

洋画科なんか専攻して、ちゃんと就職できるんだろうか？

そんなチリチリとした不安の中で、一枚の絵をゆっくり時間をかけて仕上げる油絵の授業。

あせりとのんびりのはざまで飲んでいた午後の紅茶は、まさに青春の味だったのである。

「午後の紅茶」やら
「モーニングコーヒー」などありますが
わたしもひとつ考えました
「夜のほうじ茶」
カフェインの少ないほうじ茶って夜にぴったり
※すでにもうあったそうです……

おもいでおかし
明治マーブルチョコレート
社会科見学で
明治製菓の工場に
行ったとき、児童全員に
マーブルチョコレートの
お土産をもらった
はやく食べたいね
うん
「家に帰ってから食べること」
先生に言われて守った
マーブル
一回フタに入れて
おちょこみたいに
食べた

チューハイ

「オイ、お前ぜんぜん飲んでないじゃないかっ、飲め飲め」

などと、飲み会の席で飲まされている人がいる。お酒に強い人ならいいけれど、そうじゃない人はとってもツラそうだ。わたしもお酒が弱いので、無理に飲まされている人を見ると本当に気の毒になる。

ただ、わたしは今までにお酒を強要されたことがほとんどない。なぜなら、ちょっと飲んだだけで顔が茹《ゆ》でダコみたいになり、無気味なくらい目が充血してくるからだ。いや、充血というより、血走っている感じ。

飲まされるどころか怖がられてしまう。本人はそれほどしんどくなくても、周囲の人たちがわたしの顔を見て、

「ちょっと大丈夫？　もう飲まないほうがいいんじゃないの……」

心配してくれるので助かっているのである。

さて、そんなお酒に弱いわたしだが、お酒を飲んだことがない若い頃は、自分がお酒に強いのかどうかがわからない。幼稚園くらいのときに、親戚の集まりで、おじさんのビールをペロッとなめて「苦い！」と叫んだのがわたしの人生初アルコールだったが、それでは判断も無理である。

うちは両親ともに下戸《げこ》なので、おそらく娘のわたしもお酒はダメだろうという予測はついていたのだが、隔世遺伝というものもある。

わたしって、どういう体質なの？

高校生にもなると、自分が酒飲みなのかどうか、興味も出てくるものだ。

そんな、自分を知らないわたしは、17歳のときに同級生の女の子ばかり12、13人で地元の居酒屋に行き、生まれてはじめてお酒を飲む経験をした。

大人に見えるように化粧してくることね。

みんなで取り決めをして繁華街に集合したが、絶対に大人には見えてなかったと思う。

席に着くと、友達が「チューハイ」というので、わたしもあわてて真似をした。そこの居酒屋はチューハイだけでも10種類近くあって、青リンゴとかモモとか、なんだか美味しそうである。わたしは、店の一番人気だという、カルピスチューハイを頼んだ。

それじゃあ、カンパーイ！

元気いっぱいジョッキを打ち付けた後、おそるおそるチューハイというものを飲んだ。

あれ？　ジュースみたい。

アルコールの味などちっともしないし、これならゴクゴクいけそうである。なんだ、お酒ってたいしたことないな〜。わたしはすっかり威張った気分だった。単に、その店のチューハイがたっぷり薄められていただけなのに、わたしは自分がお酒に強い人間なのだと勘違いしてしまったのだ。

調子に乗ったわたしたちは、後日、別の居酒屋で、薄めすぎてない良心的なチューハイを飲み、全員、酔っぱらってしまった。そして居酒屋で大騒ぎしたあと、ちどり足で夜の繁華街をさまよい、はぐれたひとりが補導。翌日学校に行くと全部バレていたという最悪の結果に……。

「お酒はほどほどにしないとね〜」

という教訓を、わたしは17歳で身につけたのであった。

生グレープフルーツ
サワーを注文し
オレが
しぼるよ
ぎゅーーっ
などと言われたら、
わたし、恋に落ちて
しまうかもしれません

チャイ

飛行機のドリンクサービスは嬉しい。

係の人が優しい笑顔で飲み物をくれることよりも、無料というのが得した気分で、嬉しい。ただ毎回少し緊張するのは、いつ、どのタイミングで自分の前のテーブルを出すかだ。あんまり早くからテーブルを倒して用意していると、ものすごく飲み物を楽しみにしているようで恥ずかしい。かといってギリギリまでテーブルを出していないと、飛行機に乗り慣れてない奴とバカにされそう。どちらもわたしの考えすぎなのはわかっているんですけれど……。

ところで先日、飛行機を利用したときのドリンクサービスに意外な飲み物があった。チャイである。今月のスペシャルドリンクは「チャイ」です、という機内アナウンスが流れた瞬間、わたしは首をかしげた。

東京─香川間に、なぜ？

香川旅行のために四国に向かっているのに、インドの飲み物が仲間入りしていたのである。

わたしがはじめてチャイを飲んだのは、高校を卒業してすぐの頃だった。場所は大阪駅の地下街にあるインド料理屋さん。その店は全体的に薄暗く、お香の匂いが充満していて、インドの置き物があちこちに並べられていた。お茶と言えばファーストフード店と決まっていた高校時代には知らなかった世界だ。だからその店に連れて行ってくれた女友達が、わたしにはすごく大人っぽく見えたものだった。彼女がこう言った。

「ここのチャイ、美味しいねんで」

念のために説明すると、チャイとは、ミルクで紅茶の葉を煮出したインド風ミルクティーで、シナモンなど香辛料が入っているので少しスパイシーな飲み物である。今ならわかっているが、当時18歳のわたしは、チャイがどういうものかわからなかった。だけど、知らないと言うのもカッコ悪く、

「あ、わたしもチャイください」

などと、彼女と同じものを頼んだのである。

しばらくすると、人生に疲れたような笑顔のない女の店員さんが、わたしたちのテーブルにチャイを運んできた。ファーストフードの元気な店員さんとはまったく違うタイプだ。

インド、薄暗い照明、お香、無愛想な店員……。

いろんなキーワードが、これから飲むチャイへの期待を高めてくれる。

そして飲んだ初チャイ。「カレーっぽい」と思った。友達の手前そんなことは言わなかったが、かなり微妙な味だった。ただ、それは不快と言うのではなくて、スパイシーでエスニックな味が、あの頃のわたしには最高にオシャレな飲み物のように感じたのだった。

それにしても、チョコレートやクリームがのっているわけでもないのに600円くらいしたから驚いた。このよくわからない飲み物がこんな値段!?　納得がいかなかった。大人の世界というものは、ずいぶん気取っているんだなとムカッときたが、わたしはその後、その店に何人もの友達を連れて行き、

「ここのチャイ、美味しいねんで」

と自慢げにしていたのであった……。

そんなことを思い出しつつ、東京―香川間の飛行機で飲んだ無料のチャイだったのである。

カフェ
あ〜コーヒー飲みたい
と思って店に入っても
コーヒーとチャイが同じ値段だと
コーヒー 450円
チャイ 450円
チャイください
チャイのほうがお得と思ってしまうわたしです

おもいでおかし
店の外に置いてあった
アイスクリーム
今みたいにアイスクリームがきちんと並べられていなくてバラバラにいろんな種類が入っていた
変わったのないかな〜
アイスクリーム
ゴリゴリ探していたら見かけないアイスが出てきたりしてちょっと楽しかった

冷やしあめ

韓国旅行の帰り、空港で発見した「キムチチョコレート」というのを買ってみた。試しにひとつ食べたら、チョコの甘さの中にキムチの辛さがピリリとするユニークな味だった。

それからしばらくして、ドイツのお土産なんですがどうぞと「パチパチチョコレート」を貰った。日本の駄菓子にもあった、口の中でパチパチするお菓子がチョコレートに入っているのだ。チョコが口の中で溶けていくのと、パチパチはじけるのが同時に楽しめる。国が変われば、いろんなデザートがあるんだなぁと、今さらながら感心してしまう。

さて、関西には冷やしあめというものがある。

東京の知り合いの中には「それなに?」と言う人がいたので、国というより、日本国内でも知られていないデザートってたくさんあるんだろう。

この冷やしあめ。どういうものかというと、麦芽水飴と生姜《しょうが》の絞り汁と水を混ぜて作った、ものすごーく甘い飲み物である。

わたしが子供の頃（そうですね、30年以上前とか……）は、夏になると市場の中などで確か一杯50円くらいで売られていた。薄い茶色で、こころなしかトロッとしてる。

お母さんたちが夕飯の買い物の途中で、

「冷やしあめ、一杯ちょうだい」

などと、プラスチックのコップで立ち飲みしている姿をよく見かけたものだ。あんまり美味しそうだから、わたしも母にせがんだのだが、大人の飲み物だと取り合ってもらえなかった。

大人はいいなあ、なんでも好きなものが飲めて。

冷やしあめを飲んでいるおばちゃんたちを見て憧れていたが、しかし、あるとき、母にひとくち味見をさせてもらい、いっきに羨《うらや》ましい飲み物ではなくなった。

辛いのに甘い！　甘いけど辛い！

大人は、こんなものが本当に美味しいと思っているのか？　信じられなかった。

やがて、わたしが少しずつ大きくなるにつれて、「冷やしあめ」を立ち飲みするような市場はどんどんなくなっていった。スーパーやコンビニへと変わっていったからだ。残念なことに、わたしは「冷やしあめ」を好きになるタイミングを逃したまま大人になってしまったのである。

だから、わたしにとって冷やしあめは、久しぶりに飲みたいなぁという懐かしい飲み物ではないのだけれど、それでも、夏になるたびに、母親たちが市場で冷やしあめを飲んでいた風景がよみがえってくる。

そうそう、あの頃は、買い物カゴを手にみんな市場に行っていたんだった。自分が遠くの世界からやってきたような気持ちになる。

東京でも、大きなスーパーに行けば「冷やしあめ」が売られていることがある。嗜好品として、冷やしあめが瓶入りで売られている姿は、どこか外国の珍しい飲み物のようにオシャレである。だけど、本当の本当の冷やしあめの姿というのは、夏の市場でおばちゃんたちが腰に手を当てて飲んでいた、プラスチックのコップの冷やしあめのように思うのだった。

京都の友達が
瓶入りの「冷やしあめ」を
くれました
はい
わーい
カルピスみたいに
水で薄めるタイプで
「冷やしあめ」初体験の
みんなに出したら
不評でした
甘すぎ～～
京都の友達と
わたしは、
こんなもんだよね
うまい

発泡水

缶入りのお茶がはじめて発売されたとき、うちの母親は「あんなもん誰が買うんやろ」と言っていた。しかし、もう今の時代、お茶を買うのは不思議でもなんでもなく、お茶どころか水さえも買う世の中になっている。

水を買うことにすっかり抵抗がなくなっているのが不思議といえば不思議だ。ほんの数年前だと、自動販売機にお茶と水があれば、わたしは、まだ迷わずお茶を選んでいた。味があるぶんお茶のほうがお得感があったもの。だけど最近は、水も「さっぱりしていいな」などと味の対象として考えているのだから可笑しなものである。

そういう意味では、発泡水（ガス入りの水）を、今では美味しいと思って飲んでいる自分自身にも驚いてしまう。値段が高いからそんなには買わないけれど、たまに飲みたくなってペリエをスーパーのカゴに入れていることもある。はじめて発泡水を飲んだときは、確かに、わたしは「マズい」と感じたはずなのに……。

はじめて発泡水を飲んだのは、はじめての海外旅行で、はじめて飛行機に乗った、その「行き」の機内だった。18歳の冬。行き先はイタリアだ。

機内で発泡水をひとくち飲み、わたしはこう思った。

「間違ってる！」

外国人の客室乗務員さんに「ウォータープリーズ」と言ったはずなのに、出されたものは炭酸ジュース。しかも甘くないし、美味しくない。むしろマズい……。こういうタイプの水があるなんて、まったく知らなかったから、とにかく変なジュースを出されたと思ったのだ。

間違ってます！　などと英語で文句を言うことはわたしの能力では無理だったので、考えた結果、首をかしげながら不満そうな顔でその飲み物を飲み、大袈裟に「間違い」をアピールしてみた。しかし、そういう細かい演技に付き合ってくれるほど客室乗務員さんたちは暇ではない様子だった。

わたしの「ウォーター」の発音が悪かったから、間違えちゃったのかなぁ。いや、待てよ、ひょっとしたら、普通の水が腐ってこんな味になっているんだったりして!?

だんだん不安になってきて隣に座っている友達に確認してみたところ、

「ノンガスって言わんと、ガス入りの水になるんやって」

と教えられた。

ガス入り……?

ガスといえば、あの吸えば命にかかわる気体。そんなものを飲んで良いのか? 良いわけない! でも、飲めと出されているのだから安全なんだろう。ガスはガスでもガスが違うのだ。

あっという間に受け入れてしまう単純なわたしだったけれど、舌はすぐに受け入れることができず、旅行中は「ノンガス、ノンガス」と、必死に普通の水を買って飲んでいたのだった。

以来、わたしは長い間、発泡水から遠ざかって生きてきたのである。

しかし、あるとき「寝る前に発泡水を飲むと疲れがとれる」とテレビ番組で観て、のせられやすいわたしは数日間イヤイヤ飲み続けた。するとだんだん美味しく感じるようになってきた。

その後、発泡水健康法には飽きてしまったが、気がむいたら嗜好品の一種として寝る前に美味しく飲んでいるのである。

スーパーで
ペリエを
カゴに入れ
歩いているとき
知り合いに
会わないかな〜
と思ってしまうわたしは
ビンボー
くさい？
へへへ

食べ歩きで旅行気分❷

柳川鍋

わたしは見た目が変わった魚が苦手だ。たとえば、アナゴ、トビウオ、アンコウなど……。味や調理法は関係なく、もとの姿を思い浮かべると食べられない。なので、おそらく「どじょう」も無理だろうと予想がついていたので、上京してからも柳川鍋からは遠ざかるよう心掛けていた。

しかし、あるとき、食べることになってしまったのである。

あれは今から3年ほど前の冬。友達10人と浅草で歌舞伎を観た帰りに、何を食べようか？　となった。

柳川鍋かスキヤキにしよう。

そんな案が出て、わたしは焦った。「どじょう食べられない」。わたしがそう言ったら、心優しいみんなはスキヤキにしてくれることはわかっていたが、自分の個人的な意見を真っ先に言うのもどうかと黙っていた。一応、「スキヤキがいいな〜」と、つぶやいてはみたんだけど、誰にも聞こえていなかったようだ。

せっかくだし柳川鍋にしよう。

気づいたらそんな流れになっていた。

それにしても、みんな大人だなぁとわたしはすっかり感心してしまった。歌舞伎の帰りに柳川鍋を食べようなんて、大人以外の何ものでもないではないか。女も30も半ばになると、こんなふうにカッコ良くできるものなのかと、同じ三十路《みそじ》としてわたしは頭が下がる思いである。

さて、柳川鍋である。

店は老舗の専門店。10人いれば、わたしひとりが食べなくてもバレないだろう。わたしは、少し気楽に構えていたのだが、よくよく考えるとそれは不可能だった。女の友情は割り勘で成り立っている。だから、最初にどじょうの空揚げが出てきたとき、ひとり何匹ね、という、声に出さぬ暗黙の割り当てが一瞬のうちに決定してしまうものなのだ。

どじょうは空揚げにすると、さほど見た目は怖くなかった。味は小骨の多い白身の魚という感じ。なんとか食べきりホッとしていたら、

「一匹残ってるし、ミリちゃんどうぞ」

わたしのお皿に入れてくれるではないか！　優しい友を持っているおかげで、どじょうノルマが増えてしまったのである。

そしていよいよ柳川鍋。鍋のフタを開けた瞬間、終わった、と思った。

なまなましすぎる！

鍋の中で仲良く泳いでいるかのような「どじょうの配列」に背筋がぞっとした。パッと数えたところ、ひとり3匹は食べる割り当てだ。

まずは一匹を取り皿に入れた。屋台の「きんぎょすくい」を思い出したが、そんな想像は自分の首をしめるだけである。勇気を出して食べる。味は、やはり小骨の多い白身魚のよう。でも空揚げと違い、そのまんまのお姿なので、怖くて気が遠くなりそう。どじょうの上に野菜（ごぼう？　思い出せない）をかぶせて、見えないようにしたものの、ときどき背中がちらりと見えて、ビクッとした。結局、残してしまった。でも、運良くわたしは端の席に座っており、取り皿を湯のみの陰に隠せたからみんなにはバレてはいないだろう。立ちはだかる「どじょう」の前でも、わたしの協調性は、なんとか保てたのである。

一品なのに存在感

ツナマヨ寿司

魚嫌いの子供だったわたしにとって、お寿司はむしろ迷惑な食べ物だった。親戚などが大集合する席などで、どーんとにぎり寿司が出されても、

「わたし、食べるもんない……」

下を向くばかり。わたしの味方だったのが「たまご」である。

魚じゃないから食べられる!!

味付けが甘いのが好みじゃなかったけれど、同じように魚嫌いだった妹と奪い合うように食べたものだ。

そんな安上がりで寿司嫌いのわたしたち姉妹に、ある日、スーパーヒーローが出現した。

ツナマヨ味の巻き寿司である。

当時、わたしは9歳か10歳。同級生の友達のお母さんが、

「ツナとマヨネーズのお寿司があるんやけど、美味しかったよ」

と教えてくれ、母が早速それを買ってきてくれた。

「ご飯にマヨネーズなんかどうなんやろね？」

母とわたしと妹。３人はドキドキしながら食べた。

「お母さん、これおいしいなぁ！」

ひとくち食べて、わたしも妹もすぐに気に入ってしまったのである。ちなみに母も生魚は苦手なので、「けっこう美味しいやんか」と感心していた。

ところで、和気あいあいとツナマヨ寿司を食べる女３人の隣で、家族でただひとりの男である父は、

「そんな変なもん、ワシは食べへんで〜」

などと硬派ぶっていた。「食べる？」なんて誰も聞いていないのに……。

マヨネーズ味のお寿司など、どうせ父は食べないとわかっていたから、わざわざ確認しなかったのだ。食べないくせに、一応、聞かれたい。子供っぽいオトーさんである。

さて、当時、うちの近所のテイクアウトの寿司屋さんと言えば、「小僧寿し」だけだった。なので、はじめてわたしが食べたツナマヨ寿司は、おそらく小僧寿しのものということになる。

70年代後半頃に発売された、このツナが入ったお寿司は、子供向けに売り出されたものらしく、

まさしく子供だったわたしはすっかり心を奪われてしまったのである。

ツナマヨ寿司の登場によって、マヨネーズとご飯の組み合わせがOKとなり、その後、家庭で手巻き寿司などをやりはじめるようになった気がする。テレビのコマーシャルで、宣伝でもしていたのだろうか？　我が家でも、ときどき手巻き寿司大会をした。

酢飯を中央に置き、そのまわりに、ツナ、きゅうり、ハム、たまご、梅ぼしなどをのせた小皿を並べる。それを各自ノリで巻いて食べる楽しさといったら!!　まるでピクニック気分である。ご飯に具材をのせすぎて、手巻きというより、オープンサンドみたいなお寿司になっていたけれど、それがまた面白くて、にこやかに夕食はすすんだものだ。

しかーし。そのメニューは、父の出張中に限っていた。うちの父は面倒くさがり屋なので、自分で具材を選んだり、巻いたりする手巻き方式なんてもってのほか。たとえ参加したとしても、すぐにイライラしてお寿司を投げ飛ばすことが目に見えていた。手巻き寿司大会は、父親不在の夜に、母とわたしと妹の3人でののんびり開催される女祭りでもあったのである。

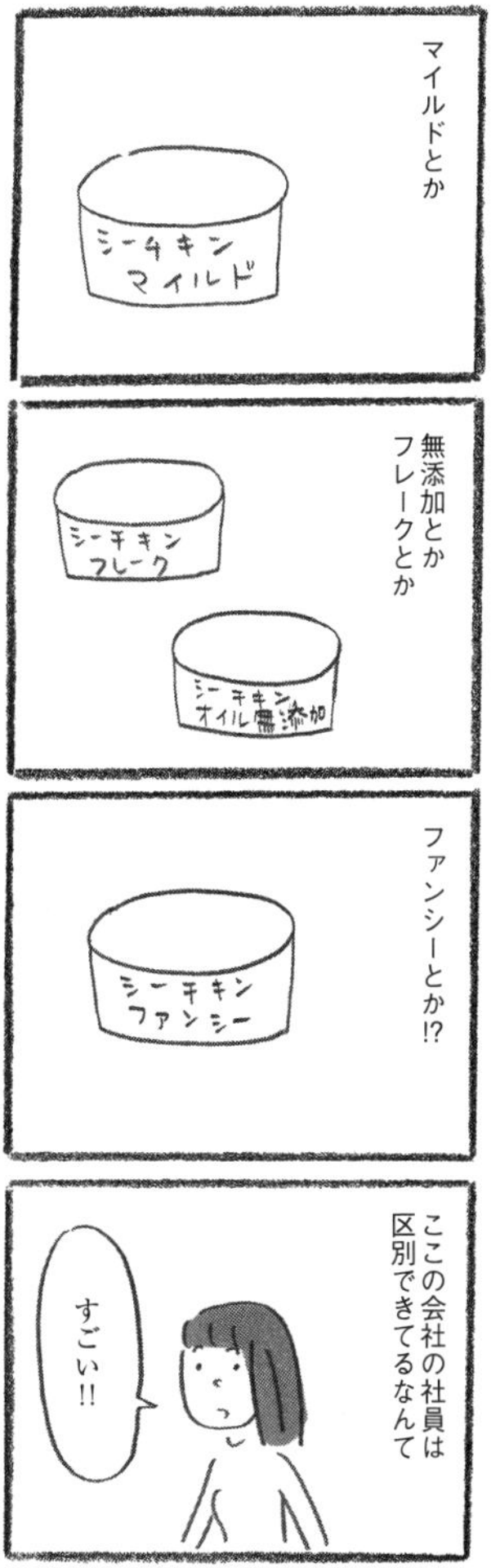
マイルドとか
シーチキン
マイルド
無添加とか
フレークとか
シーチキン
フレーク
シーチキン
オイル無添加
ファンシーとか!?
シーチキン
ファンシー
ここの会社の社員は
区別できてるなんて
すごい!!

ふぐ

　ひとり旅で山口県の下関に立ち寄ったときのこと。下関では、ふぐを「ふく」と言うそうな。とってもめでたい名前のお魚である。下関の有名な唐戸市場をうろうろ見学していたところ、ふぐのヒレが売られていた。ヒレ酒用ということで、ヒレばかりが5〜6枚入って500円ほど。このヒレのセットを見て、わたしの脳裏に、ある記憶がふわふわとよみがえってきたのであった。

　わたしは10年前まで、会社勤めをしていた。

「今年はふぐにしようか」

　ある年の新年会に、課長の提案でふぐを食べに行くこととなった。部長、課長、わたしと同じ歳の女子社員。たった4人の部署だったのでなんでもすぐに決定する。わたしと同僚の女の子はすごく仲良しで、食べ物に関して保守的というところも気があった。

「ふぐ……食べられるかなぁ」

ふたりとも魚が苦手だった上に、ふぐ初体験なのでかなりビビっていた。

さて、新年会当日。ふぐ料理のお店では個室に案内され、着物を着た店員さんたちが甲斐甲斐しく世話をやいてくれた。忘年会も、新年会も、積み立てしている部費から出しますと言っても、結局いつも部長がごちそうしてくれた。美味しいものが大好きで、とっても気前のいい人だった。このふぐ料理のお店も、今から思えば高級なお店だったのだろう。

最初に出てきたのは、ふぐのおさしみだ。大阪では「てっさ」って呼んでいたけれど、全国共通なのかな？

味はよく覚えていない。ただ、高級なものということはわかっていたので「おいしーい！」と、部長のために感動してみせたのはよーく覚えている。同僚の女の子は、わたしのように調子者ではなかったので静かにふぐを口に運んでいたが、わたしには伝わっていた。彼女があんまりふぐを気に入っていないことが……。

実をいうと、わたしと彼女は怖かったのである。店では、水槽に生きたふぐを大量に泳がせていたため、そのすぐ隣でふぐを食べることに緊張していたのだ。

ふぐ、こっち見てて怖いよ！

そんなナイーブなわたしたちをよそに、酒好きな課長はヒレ酒を飲みながら、

「このヒレ、帰るときビニールに入れて持って帰ろうかな」

などと悲しい発言をしていたっけなぁ。

鍋にはふぐがブツ切りでゴロゴロと入っていた。そして野菜の陰から突然ふぐの頭がニョキッと出現して泣きそうになった。

ああ、隣の水槽でぷくぷくと泳いでいたふぐさんが……。

もはや味どころではなく、わたしも同僚の彼女も、ふぐを食べているようなフリをしつつ、できるだけ鍋の中身を見ないよう野菜ばかりつついていたのであった。

まだまだ子供だったわたしたち。ステーキとか、しゃぶしゃぶとか、そういう派手なものを食べたいお年頃には、ふぐは少し早すぎたのである。

ただ、あの「ふぐを食べに行く」という雰囲気にはなんともいえない華やいだものがあったなと思う。「今日はふぐやなぁ」と、仕事中に部長と課長が何度も口にしていて、大人のおじさんたちがウキウキしているのが新鮮だった。下関の市場で、ふとそんなことを思い出し、ひとり微笑《ほほえ》ましくなったわたしなのである。

下関の市場は
賑やか
わー
いらっしゃい
一カンずつ買える
寿司コーナーもあり
いらっしゃい
ふぐもあった
安っ
ふく
100円
ふぐ一カン記念に
立ち食い
もぐ
もぐ
もぐ

おもいでおかし
ゴーフル
ゴーフル
まるいものは
まーるく
バームクーヘン
ガッ
ガッ
ガッ
ゴーフル
まわしながら
最後まで
まーるいまんま
ガッ
ガッ
ひと巻き、ひと巻き
ゆっくりと。
無限にあった
自由時間
プッチンプリン
波のところ
から食べる

しゃぶしゃぶ

しゃぶしゃぶをはじめて食べたのは22～23歳のときだ。大阪で会社員をしていた頃で、確か、部内の忘年会だった。優しい部長さんのごちそうである。

部長も課長も美味しいものに目がなかったので、夜にごちそうを食べると決まっている日は、もう一日中その話ばかりである。

課長は、来客があるたびに、

「今日、みんなで、しゃぶしゃぶですねん」

発表していたその姿は、まるで小学生のよう。

さて、その愉快な課長さん。

わたしと、もうひとりの女子社員がしゃぶしゃぶ初体験だと言うと、

「ちょっと練習や」

などと言い出して、ボールペンを箸代わりに、肉をしゃぶしゃぶするレッスンまでしてくれ

た。仕事中の話である。わたしと同僚の女の子も、調子に乗って、ボールペンでメモ用紙をつかんでひらひらさせたりしていた。何度も言いますが、仕事中です……。

こうやって少しずつ夜にむけて気分を盛り上げた我ら4人組。終業のチャイムが鳴ると、お酒が飲めない部長が運転する車に乗り込んで、いざ、出陣。部がもっとも団結していた瞬間だ。

しかも、その日わたしたちが行くお店は、「金の鍋」を看板にしている店だった。純金の鍋でしゃぶしゃぶ、という、いかにも大阪らしい派手な演出である。

「普通の鍋とこっそり交換したりして〜」

くだらない冗談を言いつつ店に到着した。

座敷に通され、しばらくしたら金の鍋の登場。みんなで歓声をあげたあとは、いよいよ、しゃぶしゃぶである。

「自分の肉を箸から離したらアカンでぇ」

という課長の指示のもと、みんなで牛肉をしゃぶしゃぶし、笑いあった。

平和な夜だったなぁ。

お肉はやわらかく、ごまダレというのもわたしははじめてで、それはそれは美味であった。

最後に仲居さんが雑炊を作ってくれたのも覚えている。塩ラーメンの汁の中にご飯を入れたようなもので、一瞬「しょぼい」と思ったが、さんざん肉を食べたあとなのだから、これくらい質素な雑炊でいいのかも、などと納得していたわたし。

家族でもない人々と、ひとつ鍋を囲んでしゃぶしゃぶ。

なんとも言えぬ幸せな空気が流れていた。

あぁ、美味しい食べ物を教えてもらえる喜びよ！

そういえば、最近はめっきりそういう機会がないなぁ。まだまだ食べてみたいものがあるというのに。例えばカウンターで天ぷらとか……。

もう自腹で行くしかないのではないか？

最近、雑誌の「天ぷら特集」を、マジメに読んでいるわたしなのであった。

友達としゃぶしゃぶ
食べ放題の店に行くと
いっぱい
食べよ
当然
意外に肉の質が
良くて
じゃーん
喜んでいたら
いいね〜
おかわりのたびに
脂身が多い肉に……
どよーん

カレー

カレーライスの強烈な思い出と言えば、高校2年の修学旅行だ。昼ご飯にカレーが出たときは衝撃だったなぁ。だって、だって、ホテルの食堂に、すでに500人分ほどのカレーがよそって置いてあったんだもの……。本来カレーライスというものは、席に着いて待っていると熱々が運ばれてくるものじゃありませんか。なのに、修学旅行先のカレーライスは、すでにテーブルに並んで冷たくなっていた。表面に薄く膜が張ったまま待機しているカレーライスって、本当にもの悲しい風景だった。

「今頃美味しいものでも食べてるんだろうな」

などと、我が子を修学旅行へと送り出したであろう親たちに、顔向けできぬ昼ご飯である。さてさて。

残念ながらはじめてカレーを食べたときのことは覚えていないのだが、はじめて、カレーとご飯が別々になって出てきた日は覚えている。

親戚のおじさんとおばさんに連れられ、レストランに行ったときのことだ。

わたしは小学校の4年生くらいだったと思うんだけど、嬉しかったなぁ、あの魔法のランプみたいな容器にカレーが入って出てきた瞬間って。

というか、メニューの写真にはランプも写っているからわかってはいるんだけど、実際、自分の前に登場するとまぶしかった。ひとつ年下のいとこは、もう何度もランプ容器でのカレー体験をしているようで、慣れた手つきで専用のおたまみたいなスプーンを使ってカレーをご飯にかけている。「へぇ〜」と思った。わたしは、ランプの取っ手を持ち、先のほうからだーっと流しかけるものだとばかり思っていたから、感心してしまった。しかし、そんなことを年下のいとこに悟られてはならぬと、平気な顔を装って、同じく専用スプーンでカレーをすくい、ご飯に少しずつかけて食べたのだった。

どういう作法が正しいカレーの食べ方なのかは今もわからないが、あのときは、知らないことがバレないように必死だった。必死ではあるんだけど、それは、今から思えば楽しい必死だったような気がする。

おじさんとおばさんは、

「カレーなんか家で食べられるんやから、他のもんにすればいいのに」

と言ってくれていたが、家には魔法のランプはないので、わたしはどのメニューよりもカレーが良かったのだ（絶対レトルトだけど）。

大人になったら、この魔法のランプ形の器を買いたい。

そして家でもこのスタイルでカレーライスを食べたい！

そう思っていたわたしだが、あの小さな夢って一体どの段階で消えてしまったんだろう？

食べ物とは関係ないけど、ロッキングチェアーとか、色っぽいネグリジェとか、ハンモックなども、子供時代に「いつか欲しい」と夢見ていて、次第にどうでもよくなったものシリーズだ。大人になって、せっかく買えるようになったのに、全然いらなくなっているなんて淋しいものだ。いや、ハンモックは今でもちょっと憧れてたりするんですけれど……。

昔は、カレーを一度に全部
ダーッ
かけてしまうような男の人が好きだったけど、
今は、少しずつの人のほうが合う気がする
ちょろ
好みって変わるもんですね～

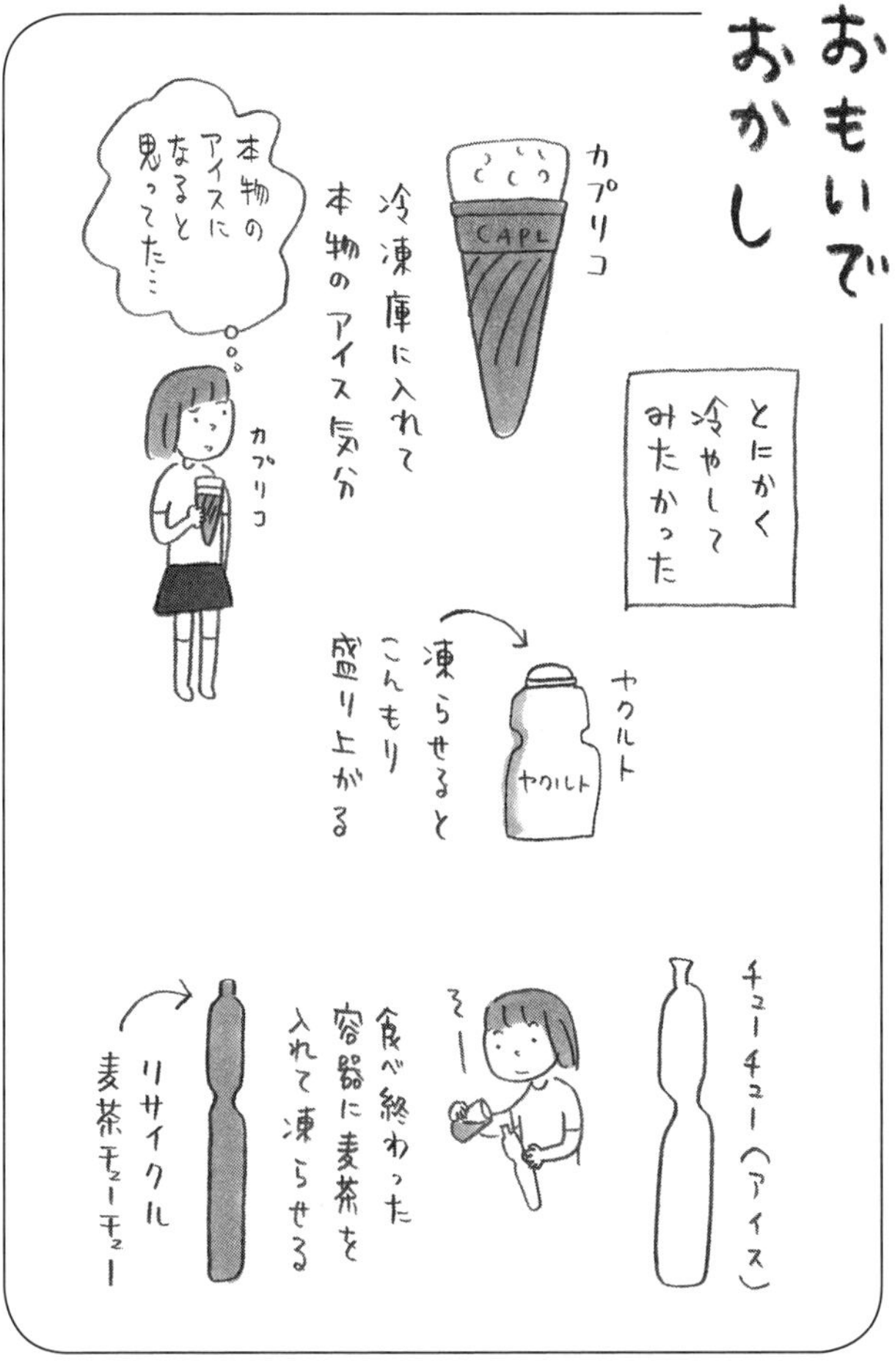
おもいでおかし
カプリコ
CAPL
冷凍庫に入れて本物のアイス気分
本物のアイスになると思ってた…
カプリコ
とにかく冷やしてみたかった
ヤクルト
ヤクルト
凍らせるとこんもり盛り上がる
チューチュー（アイス）
食べ終わった容器に麦茶を入れて凍らせる
リサイクル麦茶チューチュー

納豆

父が納豆嫌いだったので、我が家の食卓に納豆が出ることはなかった。

「納豆食べる東京のヤツの気が知れん」

などと、父はよく言っていたが、納豆は東京の人だけが食べるものじゃないんですけどねぇ……。

小学生だったわたしは、父が嫌えば嫌うほど、反対に納豆への好奇心を膨らませていた。テレビドラマなどで、納豆を真っ白なご飯にかけて食べている役者さんたちを見て、おいしそうだなぁといつも羨ましかったものだった。

お父さんは納豆の匂いが「臭《くさ》い」と言うけど、どんな匂いで、どんな味なんだろう？　同じ茶色つながりで、かつおぶしっぽい味ではないか？　わたしはひそかにそう思っていた。

母には「納豆食べてみたい」とねだってはいたのだが、

「お父さんが嫌いやからアカン」

ちっとも相手にされなかった。

しかし、わたしが、あんまりしつこく食べてみたいと言っていたら、ある日、とうとう母が買ってきてくれたのである。

念願の初納豆！　それは、今のようにひとりぶんずつ容器に入っているタイプではなくて、「わら」に包んであるファミリータイプだった。父は、せせら笑うようにわたしに忠告した。

「そんなもん、うまないで〜」

父に言われてめちゃくちゃ腹が立ったので、意地でも「おいしい！」と笑って食べてやろうと思った。思ったんだけど、わらを開いた瞬間の、その強烈な匂いに速攻でひるんでしまった。まだ幼い妹は「くさい、くさい」と半泣きになっていたが、わたしは父の手前こらえていた。

実際のところ、母も納豆のことがよくわからない様子で、とにかく混ぜて醬油をかければいいのよね？　などと、器に移した納豆を不安そうに混ぜていた。やがて、その匂いは狭い我が家に充満……。わたしは食べる気力をすっかり失っていたのだが、それでもがんばってひとくち食べた。

匂いよりも、ぬるぬる感にやられた。木工用ボンドを食べているような、そんな感じ……。

結局、のみ込めず、食べたいとおねだりした手前、とっても恥ずかしかった。さらに追い討ちをかけるように、父が勝ち誇った顔で言った。

「ほらな、わしが言うたとおりやろ」

父は、相手が子供でも張り合わずにいられない男なのだ。キーッ！

わたしはあの日、父の前で納豆を食べて、どうしてもおいしいと言いたかった。父が食べられないものを食べることで、父に勝ってみたかったのだと思う。幼いわたしにとって、父は「絶対の人」だった。頭ごなしによく怒鳴られたし、カッとなると平気で殴られた。優しいところもあったし、面白い遊びを考案する天才だったけれど、こちらが安心して調子に乗れば、すぐさま怒鳴られる。いつ機嫌が悪くなるかとドキドキしていた。怖かったから、勝ちたかった。納豆を食べて、どうだ、見たかと、心の中で言いたかったのだと思う。

こうして大人になってしまえば、父に勝つとか負けるとか考えることもない。わたしにとって、父はもう絶対の人ではなく、単なるワガママなオトーさんである。

ちなみに、父はその後も納豆嫌いだけれど、わたしは納豆も食べられるようになった。

給食にときどき納豆が出ましたよ
東北の人
え
納豆の日は米飯給食でした
大阪では考えられないな〜
大阪といえば給食できつねうどんがよく出ました
でもいつもどおりコッペパンでした

マンゴー

子供の頃、家で食べていた夏の果物といえばスイカとブドウが定番中の定番。たまにプリンスメロンやびわなんかを母が買ってくると小躍りしたものである。

そんな我が家に、突然、珍フルーツがやって来た。

それは、わたしが小学校6年生のときだった。

「すごいもん買うてきたでぇ！」

スーパーの袋をぶらさげて父が仕事から帰って来たのだ。かなりのハイテンションである。

「1個700円と900円の果物やでぇ！」

袋の中には、見たこともないカタチをした果物が入っていた。

マンゴーとパパイヤだった。

1個700円とか900円といえば、今の時代だって高級果物。30年近く前にこの値段ともなると、庶民が大騒ぎをしてもいい、いや、するべき贅沢品だ。

父はこんなふうに、ときどき面白いムダづかいをして家族を驚かせるのが好きだった。中に何が入っているかわからない福袋を買うのも好きで、

「まぁ、これも遊びや」

などと、損になったとしてもケチくさいことは言わず笑っていた。

さて、マンゴーとパパイヤである。

生で食べられるらしい。

父の情報により、取りあえず包丁の出番である。どっちが700円でどっちが900円だったかは忘れたが、わたしたちは、まずパパイヤから攻めることにした。

父が包丁で縦にまっぷたつに割ってみたところ、小さな虫のような真っ黒い種が見え、いっせいに「気持ちわる〜!」と叫んだ。

スプーンですくっておそるおそる口に入れたが、結局「マズい」ということで3人の意見はまとまった。ロウソクみたい。食べたこともないロウソクの味でパパイヤの味は表現されていたっけ……。

気をとりなおしてマンゴーである。

今度はどんな種だろう?

パパイヤがかなり無気味だったから、マンゴーも覚悟が必要だ。ドキドキしつつ、再び父が包丁を入れるのを見守った。

「あら？　包丁、ここまでしか入らん」

大きい種がど真ん中にあることを知り、まごつくわたしたち。桃みたいに皮をめくり、順番にひとくちずつかぶりつくことにした。

妹、わたしの順番で食べた。甘い。甘すぎるくらい甘い。今なら美味しいってわかるのだけれど、こんなに甘い果物を食べたことがなかったから、わたしは父が「うまいなぁ」と言うまで、自分ではマンゴーが美味しいのかどうか判断できなかった。

お父さんがそう言うなら美味しいに違いない。わたしと妹はマネをして、

「おいしいなぁ〜」

と言ったのだった。

「こんなうまい果物、はじめてや」

父はかなり派手に感動していた。そして、

「この種どっかに埋めよか」

などと、食べ終わったあと本気で言っていた。

父よ、一体どこに埋める気だったのだ？

うちには庭などなかったではありませんか……。団地の共同花壇に、勝手にマンゴーなんか育てていいものなのでしょうか。種は速攻で母に捨てられていた。

それにしても。

あの日、父もわたしも妹も、誰ひとり、母のことを考えてはいなかった。きっと、母も、珍しい果物を食べてみたかったに違いないのに。

母は台所で忙しそうに夕食の準備をしていたから、当たり前みたいに仲間はずれにしてしまっていた。ちっとも母の気持ちを想像しなかったのだ。

夕飯のときに、わたしは学校でのできごとを話すような気持ちで、

「マンゴーおいしかった」

と母に言ったのだけれど、

「お母さん、食べてないからわからん」

と言われ、あっ、と思った。お母さんのぶんも残しておいてあげればよかった。はじめてマンゴーを食べた日、わたしはそんなことも思っていたのだった。

友達と
フルーツパーラーへ
フルーツパーラー
てくてく
フルーツパフェにしよ
わたしも〜
フルーツパフェ
ゴージャスでうれしい!!
マンゴーアレルギーだから、よかったらマンゴーどうぞ
えっいいの!!
さらにゴージャス

おもいでおかし
火にかけて作るポップコーンをはじめて買った日
ポップコーン
なになになに!!
パンッパンッパンッ
腰が引けてた母
こわーいこわーい
わたし
妹

サクランボ

小学校の遠足で食べるお弁当は、ある意味、外の世界を知るもっとも重要なものだったように思う。

普段こんなおかず食べてるんだ〜

たまご焼きが甘いんだ〜

などと、友達と自分のお弁当の中身を比べて小さな発見をする。

わたしが子供の頃は、お弁当箱を新聞紙で包んでくる子もちらほらいた。別に貧乏とかそういうんじゃなく、

「お弁当とはそういうもんだ」

と親が信じていて、ナプキンで包むという考えがなかったのではないか?

菓子パンふたつだけ、ぽつんと持ってきていた子もいて、幼いながらに、あまり触れてはいけないように思ったりもした。子供は子供なりに、細かく観察し、いろんなことを思っていた

のだ。

　さて、お弁当で忘れてはならないのがフルーツの存在。

「先生！　バナナはおやつに入るんですか？」

　というワンパターンな質問が繰り返されるほど、果物はおやつっぽくて楽しみな存在だった。

　普段は固くて食べないリンゴの皮も、ウサギの耳になってお弁当の隅にあると、美味しく感じた。

　お弁当箱とは別に、ミニタッパーにフルーツを詰めて持ってきている子を見たときは、お金持ちっぽくて羨ましかった。次はそうしてもらおーっと。すぐに母に頼んでマネしたものである。

　お金持ちっぽいといえば、お弁当のフルーツはリンゴやミカンだと決めつけている親が多い中、たまに、びわ、マスカット、メロンなどと、お見舞いで貰うみたいなフルーツを持たせてもらっている子もいた。

　ゴージャス系のフルーツとして、特にわたしが衝撃を受けたのがサクランボである。

　わたしは、友達のお弁当で、はじめて缶詰ではない、生のサクランボをこの目で見たのだ。

　小学校の3～4年生くらいのときだっただろうか。一緒にお弁当を食べていたひとりの友達が、丸いタッパーにサクランボをたくさん詰めてきていた。

「お母さんがみんなで食べなさいって」

ブルジョアなセリフとともに差し出されたサクランボは、わたしが知っている缶詰の化学的な赤色のサクランボではなく、オレンジ色に近い優しい赤色だ。ピカピカ光っていた。ひとつ貰って口に入れると皮が張っていて、つるっとしている。噛むととっても酸っぱかった。缶詰のシロップ味のサクランボとは別物である。甘いイメージで食べたため、あいにく美味しいとは思わなかったけれど、それでも、すごく嬉しかった。

当時、サクランボをモチーフにした文房具や洋服を持っている女の子が多く、サクランボはまさに女の子たちの憧れのフルーツ。クリームソーダの底に沈んでいた缶詰のサクランボしか知らなかったわたしにとって、本物のサクランボを食べられたことは、大事件だったのだ。

今でも、スーパーの店頭に生のサクランボが並ぶと嬉しくなるのは、オバサンになりつつあるわたしの中に、まだ少女時代の「かわいいもの好き」が残っているからではないかと思うのである。

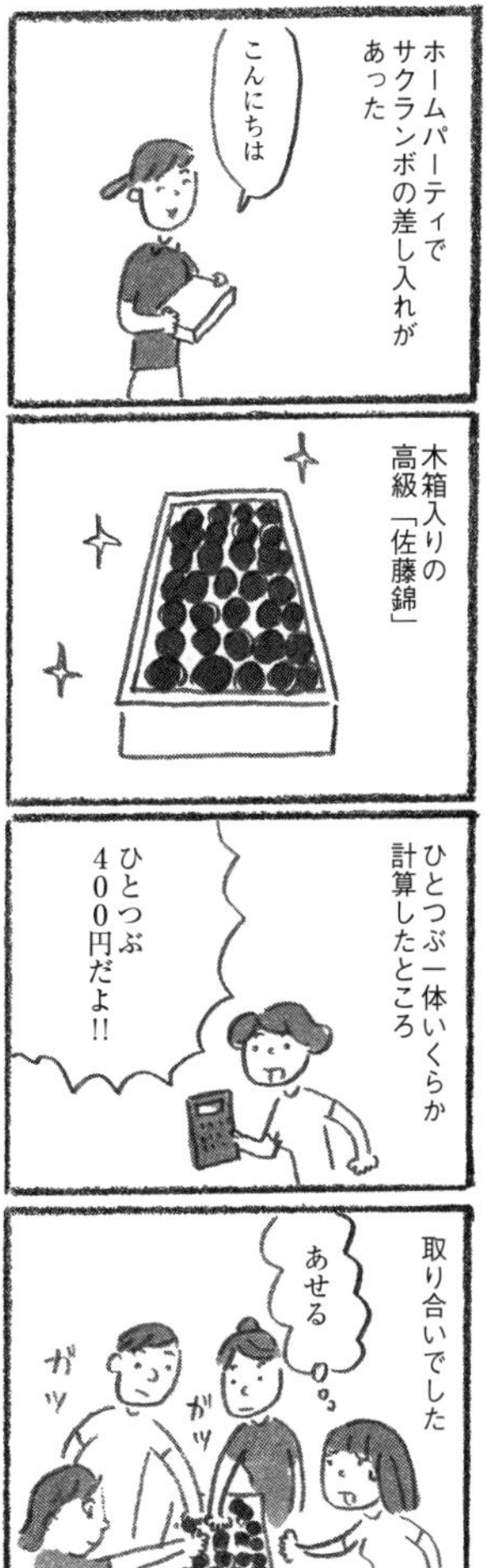
ホームパーティで
サクランボの差し入れが
あった
こんにちは
木箱入りの
高級「佐藤錦」
ひとつぶ一体いくらか
計算したところ
ひとつぶ
400円だよ!!
取り合いでした
あせる
ガッ
ガッ

カフェ・オレ

ちょっとオシャレな喫茶店を「カフェ」と呼ぶようになって、どれくらいたつのでしょう?

喫茶店世代のわたしとしては、いまだすんなり「カフェ」とは口にしづらい。

「えーっと、じゃあ、2時に駅前のカフェっぽい喫茶店で待ち合わせね」

などと、どっちつかずである。

さて、そのカフェっぽい喫茶店に似合う飲み物といえば、やはりカフェ・オレだろう。学生時代、外でカフェ・オレを飲むのは最高にオシャレなことだと信じていたから、悲しいかな、大人になった今も、カフェ・オレは、わたしの中でワンランク上の飲み物なのだ。

それにコーヒーだけ飲むより、牛乳が入っているカフェ・オレのほうが骨粗鬆症《こつそしょうしょう》の予防にもなりそうだし……。

カフェ・オレをはじめて飲んだのは、18歳のときだった。

いや、正確にいうと、はじめてカフェ・オレボウルで、カフェ・オレを飲んだのが18歳だった。カフェ・オレという飲み物はそれ以前にも知っていたし、グリコのカフェオーレもよく飲んでいた。だけど、本場フランススタイルのカフェ・オレボウルで飲んだことは一度もなく、わたしは18歳になるまで、その存在すらまったく知らなかったのである。

高校を卒業し、少しずつ大人の世界を覗きはじめる頃。流行に敏感な女友達に連れられて行ったフランス風の喫茶店、いや、カフェ。

何を飲もうかなとメニューを見ているわたしに、友達が言う。

「ここのカフェ・オレ、本格的やで」

何が？

本格的ってどういうこと？

わたしが尋ねると、カフェ・オレが、どんぶり鉢みたいなのに入って出てくるのだと教えられた。

どんぶり鉢……。

なんだかよくわからなかったけど、すすめられるまま、わたしもカフェ・オレを注文した。

そして出てきたもの。

まさに、白いどんぶり鉢に入ったカフェ・オレではないか。

それを見た瞬間、吹き出してしまった。だって、コーヒー牛乳をどんぶり鉢で飲むなんてどう考えても変じゃないか。

「変わってんな～」

クスクス笑うわたし。

フランスでは、カフェ・オレはこういう入れ物に入って出てくるのだと友達が言う。

そうか、そうだったのか。フランスではどんぶり鉢なのか～。

驚きつつも、コーヒーカップよりたっぷり入っているから、こっちのほうがお得だなぁとも思った。

そして、この気持ちは今も変わらない。カフェ・オレを注文して、カフェ・オレボウルで出てくると、いつもラッキーって思う。そして心のどこかでどんぶり鉢を思い浮かべながらも、なんとなく気取ってちまちまとカフェ・オレボウルに口をつけるのである。

えーっと
ホットの
カフェ・オレください
ホットのカフェ・ラテ、でよろしいですか?
ときどき言いなおされます
はい…

食べ歩きで旅行気分③

旅で出会ったデザート

日本全国をひとり旅し、ようやく２００６年に47都道府県を制覇した。と言っても東京から行く１、２泊ほどの小さな旅だが、毎月一度、かならずどこかに旅をすると決め、４年がかりで達成したわたしである。

その旅の中で、はじめて食べた各地のデザートについて書いてみたいと思う。

まずは、熊本県で出会った「いきなり団子」。これは、小麦粉を水で練った皮に、あんこと輪切りのさつま芋を入れて蒸すという素朴な団子なんだけど、すっかりわたしのツボにはまってしまった。熊本城を観光したときに、お城の近くで売っていたのをなんとなく買って食べたのだが、これがものすごーく美味しい！　小麦粉の皮の部分には甘味がなく、中のあんことさつま芋との甘さのバランスが絶妙なのだ。２泊３日の旅の間、いったいわたしは何個「いきなり団子」を食べたことだろう。熊本空港でも、ホカホカのを売っていたので、まだ未練がましく食べていた。東京に帰ってからも忘れられず自分で作ってもみたが、どうもうまくいかなかった。やはり、強力な蒸し器がないと、あの皮のモチモチ感は出ないのではないかと思う。ちなみに、いきなり来た客にもさっと作って出せるから「いきなり団子」って言うんだって。

つづいて、同じ九州、長崎県で出会った不思議なデザート「かんざらし」。島原城のお土産屋さんにある飲食コーナーで発見し、注文してみた。これは見た目がとっても可愛らしい。ガラスの器の中に、パチンコ玉くらいの小さな小さな白玉が何個も入っていて、その上からサラサラのシロップがたっぷりとかけられている（フルーツポンチの感じに似ている）。その小さな白玉をスプーンでちょこちょこすくって食べるのだ。シロップの味は砂糖水っぽく、飾りっけのない優しいデザートだった。島原へは寒い季節に行ったので、夏にもう一度「かんざらし」を食べてみたいなぁ。

そういえば、大分県のお土産屋さんで買った「やせうま」も変わっていた。ぺらぺらのうどんのようなものを茹でて、それにきな粉砂糖をふりかけて食べるのだ。おかずなのか？　デザートなのか？　途中でわからなくなってくる食べ物だった。

南ばかりでなく、北でも美味しいデザートにたくさん出会った。岩手県の一ノ関という駅で電車待ちをしているときに、駅で食べた「ずんだジェラート」。荒く砕いた枝豆の歯ごたえが楽しめる面白いジェラートだった。旅の帰り道はいつも疲れてくたくたなのだが、あまりにも美味しい「ずんだジェラート」に元気が出てきたものである。

そういえば、秋田県の横手市で買った「葡萄ジュース」には、葡萄ってこんなに甘かったんだ！　と驚いた。気に入って、東京に帰ってからインターネットでお取り寄せしてしまったくらい。新潟県で歩きながら食べた「笹団子」は、弾力があり、つい食べすぎてしまったっけ。

わたしは食べ物の好き嫌い（特に魚介類……）があるので、旅に出ても名物が食べられないことが多い。だけど、こうして、はじめてのデザートと出会えるだけでも満足なのである。

ちょっと贅沢

フルーチェ

フルーチェが発売になったのは1976年。わたしが小学校の1年生ぐらいのときだ。コマーシャルで見て目を丸くした。

「あれ、なんなわけ?」

牛乳と混ぜるだけで変化していくその食べ物に、謎は深まるばかりだった。同じハウス食品からすでに発売されていたプリンやゼリエースも、簡単に作れるという触れ込みだったけれど、熱湯を加えたり、火にかけたり、冷蔵庫で冷やしたり、ひと手間は必要だった。なのにフルーチェは冷たい牛乳と混ぜるだけである。

わたしがフルーチェをはじめて食べた場所は、福井県の山奥である。母の実家がその山奥の村にあり、わたしたち一家は、春休みか、お盆だったかは忘れたけど、遊びに行っていた。

山にはなんにもなかった。祖父が亡くなったあと、祖母はひとり、畑で野菜を育て自給自足の生活をして暮らしていた。食料品、日用品は山を下りて街まで買いに行く(往復2時間くらいかかる）。

ある日、母が代表で買い物に行くと言うので、わたしと妹はテレビのコマーシャルで見たフルーチェというものを買ってきて欲しいと頼んだ。

うちの母は、「頼まれたものを多めに買わずにいられない」性格なので、フルーチェを3、4箱買って来た。もしマズかった場合は一体どうする気だったんだろう？　大人になって母のことを冷静に見ていると、もっと食べたいときに足りないというのが嫌なタイプのようである。

フルーチェが出来上がっていく過程は魔法のようだった。母、わたし、妹。顔を突き合わせるようにフルーチェの袋をボウルに開け、牛乳を入れた。みるみるうちにぷるんと出来上がったフルーチェ。待ちきれず、わたしたちはお皿にも入れないで、ボールのままスプーンですくって食べた。

はじめて食べたフルーチェは手作り感があるのに、ケーキ屋さんで買うデザートみたいだった。何味を食べたかは覚えてないけど、プリンでもゼリーでもない食感に、わたしたちはすっかり魅せられてしまったのである。

ちなみに父は、「そんな気持ち悪いもん、いらん」と言って食べなかったが、わからないでもない。おばあちゃんも口にしなかったっけなぁ。フルーチェは、作った過程を見ているほうが、食べたい気持ちが高まるのかも。

はじめてフルーチェを食べた、あの、わらぶき屋根の祖母の家。おじいちゃんが自力で建てたと聞いた。障子を開けると、美しい山々がパノラマになって見渡せた。濃い草の匂いと土の匂い。夏でも涼やかな風がいつも家の中をめぐっていた。

だけど、当時、すでに村は過疎化していた。もう2、3軒しか家はなく、みな年老いていた。そんな山の中で、幼いわたしと妹が「フルーチェ、フルーチェ」と大喜びしていた声は、きっと大人たちを明るい気持ちにさせていたに違いない。

その村も今はもうない。わたしが中学に入る前に村の人々は山を下り、一番最後まで残った祖母が町に引っ越すと、やがて橋も落ち、誰も足を踏み入れられなくなった。だけど不思議なことに、わたしの本籍はその山の住所のままだ。結婚していないから、両親の本籍と同じなのだ。

誰もいない幻の山の村。わたしの免許証には、その番地が刻まれつづけているのである。

久しぶりにフルーチェを買う
なつかし〜〜〜
箱の裏に「ちょっとひと工夫」と写真が……
ホットケーキフルーチェサンド
ホーーッ
なんか行動力のあるデザートだなフルーチェって
そういえば飲むフルーチェもあるし
飲む フルーチェ
どこまで行くんだろ

アイスケーキ

クリスマスのアイスケーキは、新星のごとくキラキラと現れ、即座に子供たちに飽きられてしまった気の毒なケーキである。

わたしも一度食べて、

「やっぱり普通の生クリームのデコレーションケーキがいい」

そう思ったもの。

小学校の3～4年の頃だった。アイスケーキという新商品をどこかで知り、

「今年のクリスマスはそれがいい！」

母におねだりしたのを覚えている。その年のクリスマスはアイスケーキだったという友達がたくさんいたことを考えると、きっと広告が成功していたのだと察する。母は近所の甘味屋さんにアイスケーキの予約を入れてくれた。

さて、クリスマス当日である。

夕方になると、母が自転車でケーキを取りに行った。そして母が帰宅したときが、このアイスケーキのもっとも輝いた瞬間であった。

アイスケーキは普通のケーキのように紙の箱には入っておらず、円柱形のでっかい発泡スチロールにお入りになっていたのだ。かなりの特別扱いである。

「すごーい！」

わたしと妹は大はしゃぎし、中を見たいと母にせがんだものの、ご飯を食べてからと言われてひとまず諦めた。

今と違って、市場にも数日間の正月休みがあったので、当時の年末といえば家庭の冷蔵庫の中はぎゅうぎゅう詰め。当然冷凍庫もパンパンなので、アイスケーキ様のお入りになるスペースはなかった。結局、それはベランダの洗濯機の上に置かれるハメになった。わたしはアイスケーキが溶けないかばかりを気にしていたせいで、晩ご飯もおちおち食べてはいられなかったのである。

そして、いよいよアイスケーキタイムである。

発泡スチロールのふたを開けると、当たり前だけど、アイスでできた、アイスだけのケーキが入っていた。

「これ全部アイスなんやなぁ」

などと感慨深げに一家4人で取り囲み眺める。母が包丁で切り分けるが、いつものように、

「そのイチゴわたしの！」

などというバトルもなく、もの足りない感じである。アイスケーキの彩りは、チョコレートと合成着色料で色付けられたイチゴアイスなので、いまひとつ盛り上がりに欠けたのだ。

食べた感想は「飽きる」意外になく、しかも冷凍庫がいっぱいなので保存がきかず、食べられるだけ食べろ、という雰囲気……。

「お腹こわすからあんまり食べちゃだめ」

子供にとってアイスクリームは、親に注意されてこそのありがたいデザート。いっぱい食べろと言われると、拍子抜けする。家族で押し付けあうように食べ、残りは小さく切ってタッパーに入れて冷凍庫、という庶民的な結末となったのである。

それでも、たった一度の経験だけでアイスケーキは、ものすごい印象を残している。こんな歴史に残るケーキは、この先、二度とわたしの前に現れないだろう。

アイスケーキを
インターネットで
検索すると
自分でデザイン
できるのとか
しぼりたての
牛乳を使ったのとか
クリームチーズとか
生クリームや
生イチゴを
使ったのとか
まだ
進化中でした

手作りホットケーキ

ひとり暮らしをはじめたときに思ったことは、

「わたしってこんなに料理下手だったっけ？」

である。スパゲティとかカレーとかたまご焼きなんかは、まぁまぁ美味しくできるのだけれど、煮物なんかは作ったことがないので、ナニをどうしていいのかわからない。

母親に電話で聞くと、

「とにかくお酒と醬油とみりんを入れときなさい」

適当なアドバイスをされ、そのまま現在に至っている。

さて、そんなわたしの初料理といえば、忘れもしない「ママ・レンジ」で作ったホットケーキである。

何歳だったのかなぁ。5〜6歳の頃だったと思う。当時、子供用のクッキングおもちゃが大流行していて、そのさきがけがママ・レンジだったのではないかと思う。本物のクッキーが焼ける、ママ・クッキーというおもちゃもあった。

ママ・レンジは、高さ20センチ、幅30センチほどの調理器具で、見た目は外国の本物のガスレンジ風。実際は家庭用の電源を使ったのだが、本当にホットケーキが作れるくらいには熱くなるので、親が付き添って遊ぶというかなり過保護なおもちゃだった。

わたしはおそらくこれを、テレビのコマーシャルで見て欲しがったのだと思う。

資料によると、1969年の発売当時2500円とあったので、結構、高額な遊び道具だったようだが、親も娘のためにと奮発してくれたのだろう。

さて、ママ・レンジを買ってもらい、いよいよ初クッキングの日のこと。

父と母は、わたしよりもウキウキしているように見えた。彼らにとっても文明的なおもちゃが珍しかったに違いない。

幼かったわたしは、ホットケーキの生地を母に用意してもらい、小さな小さなホットケーキをはじめてママ・レンジで作った。ママ・レンジで焼くドラ焼きサイズのホットケーキは、普通にフライパンで母が作ってくれるものよりふんわりしていた。ママ・レンジ付属のフライパンが小さいので油も塗りやすく、電力も弱いから、ホットケーキが焦げにくかったのだ。

まだよくわかっていない妹まで「おいしい」と走り回り、父と母も「意外にいける」という感じで、結構盛り上がったものだった。

その後しばらく、わたしはママ・レンジに首ったけとなり、おやつはホットケーキばかり。

でもぜんぜん飽きないいくらい美味しかったので、実をいうと今でも食べたいくらいだ。

喫茶店などのメニューでホットケーキを見かけると、つい注文してしまうのだが、厨房から
「チン」というレンジの音が聞こえて
「あー、冷凍のホットケーキか……」

とがっかりする。

ママ・レンジで焼いたみたいなふわふわの焼き立てのホットケーキが食べたいなぁ。

意外にも、わたしの初料理のホットケーキは、今でも忘れられない味だったのである。

お菓子を手作り
することもあるけど
カロリー
ひかえめに
しとこ
甘さひかえめに
作り
なんか逆に
ものたりない
甘いもん
食べたい

おもいでおかし
名前は知らない
アイスクリーム
『たまご』って
よんでた。
たぶんこれが一番
安いアイスだった
風船みたいな中に
アイスクリームが
入ってる。
先をハサミで
切るとアイスが
にゅるっと出てくる
チュー
チュー
にゅる
お店のおばちゃんが
ハサミで順番に
切ってくれた
小さく切って
はいよ
針で小さい穴を
開けるのも
流行った

パフェ

ついさっき、渋谷のフルーツパーラーでイチゴパフェを食べながら、ふと、はじめて自腹でパフェを食べたのはいつだっただろうと考えていた。

どうしてそんなことを思ったのかというと、そのパフェが1300円という高額パフェだったからである。「大人買い」という言葉があるけれど、1300円のパフェは明らかに「大人食べ」である。

自分のお金ではじめてパフェを食べたのは高校1年生のときだった。中学生までは、親と一緒じゃないとそういうデザートを外では食べられなかったけれど、高校生になると、友達とパフェやケーキを食べに行くようにもなる。

おそらく初自腹のパフェは、ファミリーレストランのパフェだったと思う。

高校の通学路（自転車で片道40分近く）にファミレスがあり、ときどき友達数人と立ち寄っていたからだ。ファミレスに行くのは本当に「ときどき」で、普段はセブンティーンアイス

（ご存じですか？）をコンビニの前で立ち食いするくらい。だからファミレスでパフェを食べる日は、前日から

「明日行こうね」

と約束しあって出かけたものである。

パフェの値段は５８０円とか６８０円とかで、当時のわたしにとっては、今の１３００円パフェと同レベル。

だからパフェが運ばれてくるのを待つ間は、胸が躍った。

「生クリームがたくさんのっていたらいいな〜」

わたしの中では、生クリームの量が多ければ多いほど素晴らしいパフェとされていたので、いっそ、

生クリームパフェがないものか？

と思っていたほど。

自腹ではじめて食べたパフェの種類までは覚えていないけど、たぶんバナナパフェだと思う。イチゴパフェより、バナナパフェのほうが友達のあいだでは人気があったから。バナナにはチョコレートがかかっていたせいかも。

みんなより早くなくなってしまうと淋しいので、長いスプーンで、少しずつ少しずつパフェを切りくずしながら食べ進めていった。友達の進行状況に合わせなければならないし、おしゃべりもしなければならないし。パフェひとつでも頭を使うわけだけれど、それもひっくるめて幸せなひとときだった。しかも、大人同伴ではなく友達同士だ。

親とファミレスに行き、ご飯のあとにパフェを食べるのも確かに美味しかったのだが、「パフェを食べている幸せそうな子供のわたし」を少なからず子供は演じているもの。友達となら義理立ての必要などなく、ただワクワクして、ただ味わうだけの気楽さである。

3年間の高校生活で、わたしは一体いくつパフェを食べただろう？

ファミレスだけでなく、デパートのレストラン街などでもよく食べた。

430円の安いパフェ発見！

友達が言うので一緒に行ってみると、最大の楽しみである生クリームがのってなくてソフトクリームでごまかされていたり。

450円のパフェがある！

という情報で駆け付けると、かろうじて生クリームはのっているが、後半が全部コーンフレークだったり……。

友達のお母さんが喫茶店でパートをしていたので、その店に寄っては、特製大盛りパフェを作ってもらったりもした。なにが特製かというと、パフェの頂上に小さなショートケーキが突き刺さっていたのである。ヒーッ。

パフェひとつで一喜一憂していたあの頃。

いつもひとつでは足りずに、おかわりしたいねぇとみんなで夢見ていた。

授業中、友達と「理想のパフェ図」をノートに描いた。

一番下は生のイチゴで、そこから生クリームとスポンジケーキを層にしていき、コーンフレークも歯ごたえとして一層くらいは必要で、アイスクリームはサーティワンのキャラメルリボン味で、さらにその上に生クリームを10センチくらいうずまきにして絞って、バナナとメロンをトッピングしてからチョコをかけて……。

あれもこれもと欲張っていたら、パフェの絵はあり得ないくらい高くなっていた。

久しぶりにパフェを食べたら、いろんな思い出がパフェの彩りみたいに復活してきたのであった。

イチゴパフェの
底のほうが
イチゴジャムだったりするとさみしいです
理想は生のイチゴがゴロゴロ入ってる

スフレ

知り合いの男の人に「スフレってなに？」と聞かれて、なんだかうまく答えられなかった。

「ふわふわしてて、すぐしぼんでしまうお菓子」

「チーズケーキみたいな感じ？」

「違う、そうじゃなくて、熱くて溶けてなくなるっていうか」

「綿菓子？」

ちがーう!!

食べたことのない人に、スフレの感覚を説明するのは難しいものだなと思った。

そういうわたしも、はじめてスフレを食べに専門店へ行った日、並んでいる間「どんなものなんだろう？」と、見当がつかなかった。

そう、はじめてスフレを食べたとき、わたしは長時間、お店に並んだのである。

まだ大阪で会社員として働いていた頃だった。食べることが大好きな同僚がいて、彼女の案内のもと、京都にあるスフレの専門店に女子数名で出かけたのである。正確に言うと、京都で舞妓さんに変身するツアーに参加し、1泊した翌日にスフレを食べに行ったのだ。夜は遅くまでおしゃべりしていたし、次の日は朝からお寺を観光したりして身体は疲れていたのだが、

「せっかくだから美味しいスフレを食べてから帰ろう」

一同はスフレ専門店に向かった。

わたしはスフレがどんなものかわからなかった。だから、ただみんなの後をついて行ったわけだが、店の前が長蛇の列になっていたのには驚いた。

これ、みんなスフレを待ってる人たち?

スフレって何者!?

どれくらい待っただろう。1時間近く並んでいたような気がする。やっと席に着いても、そこからがまた大変だ。スフレとひとことで言っても、味がいろいろあるのだ。チョコとか、ココナツとか、バニラとか。1時間も待ったと思うと吟味した。さらに注文してから焼き上がるまで20分近くかかるというのだから、根気のいるデザートだ。

焼き上がったスフレは、器からこんもりと盛り上がって膨らんでいた。スプーンがさわさわとした生地に入っていき、口に入れると溶けて消える。

なんだ？　この口どけは。すごく新しいぞ！

でも、すぐに消えてゆくから食べた感じがしない。夢の中で食べているような、魔法のデザートだった。1時間も並んだんだし、ゆっくり食べたい。でもイッキに食べてしまわないと、スフレはしぼんでしまう……。こんなだったら2個食べればよかったと悔しくなったものだ。

それから10年以上、わたしはスフレというものを食べる機会がなかったのだが、先日、東京でスフレの専門店に行ってみた。

テーブルに注意書きがあり、スフレはすぐにしぼんでしまうデリケートなものだから、焼き上がりの頃（15分後）は「席を離れないようお願いします」と書かれていた。

あいかわらず大袈裟なデザートだなぁ。はじめてのときと同じく、あっという間に食べ終えてしまったので、今度こそ2個注文して、時間差で思う存分味わいたいものである。

スフレ
楽しみ
だなー
わく
わく
ん？
スフレの
食べ方？
どれ
スプーンで真ん中に
穴を開け、軽く混ぜた
ソースを流しこみ
生地とソースをからめ…
食べるの
失敗したら
どうしよ
ドキ
ドキ

おもいでおかし

ソーダアイス
30円だった

半分に割ると
大きいのと、小さいのに
どうしてもなってしまう

友達と半分にするときは
大きいほうを友達に
あげるのが暗黙のルール

子供だって子供の
社会の中でいろいろ
考えていたんだなと思う

ハーゲンダッツ

ものすごく美味しいアイスクリームがある！

高校3年生のときに、仲良しのクラスメイトが力説するのを聞いて、わたしの胸は期待で膨らんだ。

「それ、どこで食べれんの!?」

「梅田」

梅田とは、JRでいうなら大阪駅があるあたり。オフィスやデパートが立ち並ぶ大都会だ。わたしたちの高校は、大阪といえどもはしっこのほう。学校帰り梅田に行こう！　と言うにはかなり遠い。しかも、高校3年生となると、放課後、進学組は塾があったし、就職組はアルバイトに明け暮れていたので、そろってお出かけするのが難しい。ちなみに、わたしは美術系の学校を受験するために、週に3日ほどデッサンのアトリエに通っていた。

美味しいアイスは気になるが、友達とのスケジュールを考えると、すぐに食べには行けない。

もどかしい日々である。

しかし、しばらくしてから、そろってお出かけする絶好のチャンスが訪れた。

遠足である。

考えてみれば変な遠足だったなぁ。なにせ、朝、現地で出席さえとれば、あとは解散だったのだ。集合場所は、あの大阪万博が開催された万博公園。生徒たちは万博公園に集合し、点呼が終われば、ちりぢりになって去って行く。

わたしはというと、仲良しの友達4人と万博公園の近くの遊園地で遊んだあと、そろって梅田へと繰り出した。もちろん、念願のアイスを食べるためだ。

それにしても、店の名前がひっかかる。ハーゲンダッツ。

ハーゲってどうなの……。毛のことを気にしている人は、この名前を聞くのが嫌じゃないかな？　と心配になったものだ。いや、今でもちょっと気になってしまう。

ハーゲンダッツのお店は混《こ》み合っていた。まだ目新しく、話題になっていた頃だったので超満員である。アイスクリームを注文するにも、店内は人が多すぎて、どんな種類があるのかちっとも見えない。それでも、なんとか注文できた。友達が、

「クッキー&クリームが、めっちゃ美味しい」

と言っていたので、わたしはクッキー&クリームと、もうひとつは忘れたが、ダブルで注文した。満席のため、立ち食いしている人が店の外にあふれていた。もちろん、わたしたちも店の外で立ち食いだ。

こんなアイスクリームを食べたことがない！

と思った。

濃厚なのに、甘ったるくない。さっぱりしてる。特に、友達おすすめの「クッキー&クリーム」は、クッキーのモロモロッとした舌触りが新鮮で、食べ終えるのが惜しいくらいだった。ダブルじゃぜんぜん足りない。ダブルをダブルで注文しても、あの頃だったらペロリと食べられたはずだ。今から20年前の話である。もうそんなに月日がたっていたのか!?　などと改めて驚いてしまう。

ハーゲンダッツのアイスクリームは、今は、どこでだって買える。スーパーでも、コンビニでも。

だけど、あのパッケージを目にするたびに、

「はじめて食べたときは感動したなぁ」

と、一瞬思うわたしがいるのである。

あっホント
ゴマ〜〜〜
あっホント
イチゴ〜〜〜
あ、ホント
抹茶〜〜〜
ハーゲンダッツの
最初のひとくちは
「素材」を発表
したくなります

ラーマ

幼い日のわたしは、ある日、これまでとまったく違うタイプの味の表現に出会ったのである。

軽い。

マーガリンのテレビCMを見たときに、「軽い」という、ただものではない味の表現を耳にしたのだ。

それは1977年に発売された、ラーマゴールデンソフトというマーガリンのCMで、街を歩いている奥様たちに、マーガリンを塗ったパンを試食してもらったときに登場した感想である。食べ物に対する「軽い」という表現は、以前から使われていたのかもしれないが、子供だったわたしにとって初耳だった。

わたしは1969年生まれなので、単純に計算すると8歳のときにこのCMを見ているはずである。その8歳のわたしは、当然、この「軽い」マーガリンを食べてみたいと思った。

軽いということは、綿菓子みたいに、一瞬ですーっと溶けて消えていくような感じかもしれない。口の中に入れた瞬間に蒸発し、その湯気が上アゴにくっつくようなイメージでもあった。

奥様たちが「軽い、軽い」と驚きながら試食している姿を見るたびに、「わたしも食べたい」という願望が膨らんでいった。ちなみに、このCMには「ラーマ奥様インタビュー」とタイトルまでついていて、当時、流行したのだ。

しかし、財布のヒモをにぎっているうちの母親は、このCMにちっとも反応してくれない。

「大袈裟に言うてはるだけや」

軽々と夢をブチ壊す。それでもしつこくねだっていると、

「今、使ってるマーガリンがなくなったらね」

という気長な約束……。

マーガリンなんて、そんなすぐにはなくならないじゃないか！

早く食べて「軽さ」を確かめたいと、わたしはラーマ奥様インタビューを見るたびに、ムズムズしていたのである。

それからしばらくして、家族で親戚の家に遊びに行ったときのこと。みんなで夕食を食べていたら、ラーマのCMが流れた。わたしが、食べてみたいとポツリと口にしたところ、なんと親戚の家にあるというではないか！

ごちそうが並んでいる夕飯をよそに、わたしは親戚のおばちゃんに食パンを切ってもらい、ラーマをたっぷり塗ってもらった。ＣＭでは食パンを焼いていなかったので、同じように焼かずにふわふわのままである。

願いが叶い、やっと食べたその味は……別に軽くなかった。普通のマーガリンだった。ちっとも綿菓子みたいじゃない。騙された！　実際は「軽くなっている」のだろうが、子供の舌にそんな微妙なことがわかるわけもなく、がっかりした。

そして、もっと嫌だったのは、周りにいた大人たちが、それ見たことか、とわかったふうに笑ったことだ。子供には夢広がる「軽い」マーガリンだったというのに、大人という人たちは、いつだってなんでも知っている顔をする。わたしは恥ずかしいような悔しいような、そんな気持ちで、もそもそとパンを食べ終えたのだった。

新品の
マーガリン
マーガリン
中の薄い紙を
取るのが好きでした
ペロリ
でもやっぱり
一番うれしかった
のって、
最初にナイフを
入れるときでした

スパゲティ

スパゲティサラダとか、ナポリタンとか、ミートソースとか。

子供の頃からスパゲティは身近な存在すぎて、はじめて食べた日のことを覚えていない。だけど、高校3年生のとき、わたしはスパゲティで、びっくりした思い出があるのだ。

変わったスパゲティ屋さんがあるから行こう。

当時、わたしが一番オシャレと思っていた同級生がそう言うので、わたしは彼女と一緒にその店へと出かけて行った。

思えば、わたしはその子にいろんなオシャレなものを教えてもらったものだ。インド料理屋さんのチャイも、カフェ・オレボウルで飲むカフェ・オレのお店も。食べ物以外でも、オシャレなフランス映画とか、オシャレな展覧会、オシャレな雑誌。「ファッション通信」というオシャレなテレビ番組があることを教えてくれたのも彼女だった。

「昨日、ファッション通信観た？」

わたしは、翌日の学校で彼女にそのセリフを言いたいがために「ファッション通信」をチェックしていた。ミラノの最新ファッション情報など、これっぽっちも興味がないくせして……。

さて、スパゲティである。

オシャレな友達に連れられて、わたしはいそいそと、彼女の言う「変わったスパゲティ屋さん」に向かった。店は地元の駅前から少し離れたところにあり、店内はカウンターに6、7人座れるだけの狭さだ。おじさんがひとりできりもりしている、シックな雰囲気の店だった。

席に着きメニューボードを見る。

トマトスパゲティ、クリームスパゲティ、あとは忘れたが、全部で4～5種類くらいしかない。

ええーっ、本当にスパゲティしかない店なんだ！

ハンバーグとかないんだ!?

今でこそスパゲティの専門店など珍しくないし、カウンターでスパゲティを食べるのも珍しくない。でも、あの頃のわたしにとって、そういうお店は初体験だったのである。

値段も高かった。どれも１３００円くらいした。

どんな立派なものが出てくるんだろう？

クリームのスパゲティを注文して楽しみに待っていたところ、出てきたのは豪華でもなんでもない、むしろ質素なスパゲティだった。茹であがったスパゲティの真ん中に、白いクリームソースがかかっているだけ。

さらに、食べてみると、スパゲティがすごく固かった。隣にいる友達が、本場はこういう固さなのだと教えてくれた。

そうか、固くて正解なのか。

いや、むしろ固くなければスパゲティじゃないのだ！

あれこれ具は入っていなかったが、本場という言葉に触れてうっとりしていた17歳のわたし。

それからしばらくして、高校で、先生と母との三者面談があった。今後の進路を担任と相談する面談だ。その帰り道、わたしは、友達に教えてもらった本場のスパゲティの店へ母を連れて行ってあげようと思い立った。

きっと、びっくりするぞ〜。だってメニューがスパゲティしかないんだから。

店に入ると、案の定、母もカウンター式のスパゲティ屋さんに驚き、メニューが少ないのにも驚き、値段が高いことにも驚いていた。わたしとまったく一緒の反応で嬉しくなる。

やがてスパゲティが出てきた。ふたり並んで食べる本場のスパゲティ。だけどぜんぜん楽しくなかった。なぜなら、母が蕎麦をすするみたいにズルズルと音をたてて食べはじめたからである。

どうして静かに食べてくれないんだろう？　ここはオシャレで本場のお店なのに。

そう思うとわたしはだんだん腹が立ってきたのだ。

母を弁護するが、これは20年以上昔のことで、今ならば、スパゲティは音をたてて食べないものだと一般的になっているけど、当時は、そんなマナーを知らなくてもそれほど不思議でもなかったのだ。なのに、ちょっと自分が知っているというだけのことで、わたしはそのとき、母に注意をしたのだ。本場はスパゲティをすすって食べてはダメだって、得意になって言ったのだと思う。

母はしゅんとしていた。他の客もいる前で我が子に注意され、さぞかし肩身が狭かっただろう。

そして、ぽつりとこう言ったのだ。

「えらい難しいんやね……」

知ったかぶることで人を傷つけちゃいけないのだと、あの頃のわたしはわかっていなかったのである。

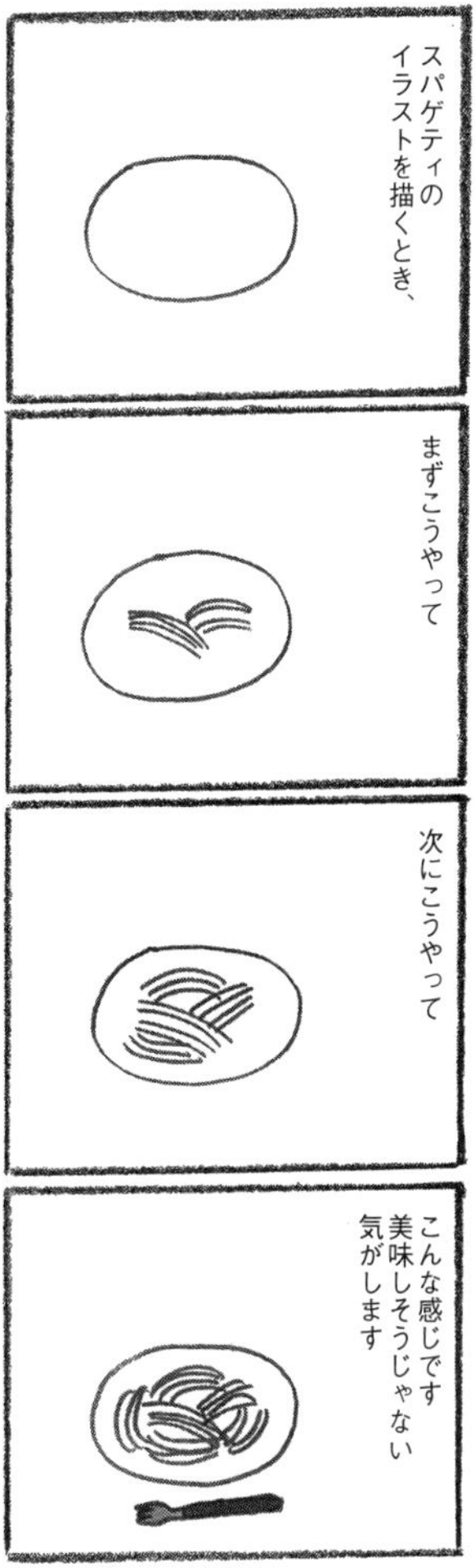
スパゲティの
イラストを描くとき、
まずこうやって
次にこうやって
こんな感じです
美味しそうじゃない
気がします

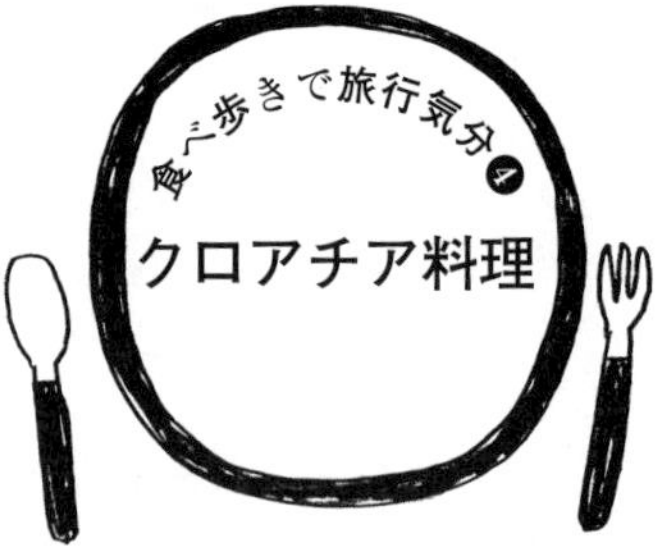

食べ歩きで旅行気分④

クロアチア料理

２００６年ワールドカップ。日本と対戦した国のひとつ、クロアチア。東京にクロアチア料理の専門店があると聞き、ランチを食べに行ってみた。初クロアチア料理である。

ちなみにクロアチアという国は、ヨーロッパのバルカン半島の北西部にあり、近くにはオーストリア、ハンガリー、ボスニア・ヘルツェゴビナなどがある。と言ってもピンときませんかね？　面積は北海道より小さいくらい。

「サルマ」というロールキャベツがクロアチアの代表的な料理らしいので注文してみる。

「大人になっても、はじめて食べるものってあるんですね～」

一緒に行った編集者とふたりでドキドキして待つこと10分ほど。出てきました「サルマ」。見た目は普通のロールキャベツだ。マッシュポテトが添えられているのがちょっと変わっている。

早速、食べようとフォークとナイフを持ち上げたところ、お店の人から「待った」がかかった。なんでも、地元の人たちはロールキャベツとマッシュポテトを、ぐっちゃぐちゃに混ぜて食べるのだとか。

「見た目はよくないんですけど、美味しいですよ」

お店の人が教えてくれたとおりにお皿の中をぐちゃぐちゃに混ぜると、せっかく綺麗に盛られてきた料理が、もんじゃ焼きの具みたいになってしまった……。

しかし、このぐちゃぐちゃにしたロールキャベツ。食べてみるとなかなか口に合う。キャベツの中に、豚の挽肉《ひきにく》とお米を巻き込んでいて、ほんの少し酸味がある。お店の人に聞いたところ、酸味の秘密はキャベツを３週間ほど塩漬けにしているからだそう。塩漬けのキャベツが味のアクセントになっていて、さらに混ぜ合わせたマッシュポテトが全体をマイルドな味わいにしている。

あとでインターネットで調べてみたところ、挽肉の代わりにベーコンを使うこともあるらしく、「サルマ」は家庭によって味付けが少しずつ違うみたい。クロアチアのお母さんたちは、秋になるとキャベツを買い込んで酢漬けにしておくのだとか。

それぞれの国に、それぞれの家庭料理がある。

当たり前のことだけど、よその国の料理を食べるたびに面白いなぁと思う。

クロアチアの人が、日本の「肉じゃが」を食べたらどう思うんだろう？

美味しいと言ってくれると嬉しいなぁ。そんなことを思いつつ「サルマ」をペロリと平らげたのだった。

その時、その場所の味

給食のデザート

給食のメニューに、はじめて登場して印象に残っているデザートのことを書きたいと思う。それはフルーツポンチである。小学校の1年生のときに初フルーツポンチが現れたのだ。

実は、このフルーツポンチ自体は、前からある定番のメニューだった。では、ナニがその日「初」だったのかというと、フルーツポンチの食べ方が、急に新しくなったのである。ちなみにフルーツポンチとは、甘いシロップの中に、白玉と、細かく切った缶詰のフルーツがちょこちょこっと浮かんでいるもの。アルミの器に入っていた。

4時間目の授業のあとに、先生から連絡があった。フルーツポンチの新しい食べ方の校内放送があるから、放送が終わるまでフルーツポンチに手を出すなと言うのだ。1年生のわたしたちは配られた給食を前に、なにごとかと校内放送を待っていた。担任は若い男の先生だったのだが、彼も「なんやろなぁ?」とわたしたちと一緒にドキドキしていた。いつもは付いてこない小さなコーンフレークの袋があり、「フルーツポンチに使うのかな〜」とみんなコソコソ喋《しゃべ》っている。そして校内放送。

「フルーツポンチの新しい食べ方です」

などとはじまった。

まず、フルーツポンチの容器の中にコーンフレークを入れるように指示がある。素直に従いコーンフレークを入れた。コーンフレークでフルーツポンチがまったく見えなくなった。放送はつづく。その上から牛乳をかけてください、と言われた瞬間、クラス中に「ええーっ」というどよめきがあがった。

しかし、放送室からは教室の様子が見えないので、一方的に放送は進んでいく。最終的にはそれをよくかき混ぜて食べてくださいとのことだった。

見た目はかなり悪い。牛乳とシロップが中途半端に沈澱《ちんでん》しながら混ざり、黄色い桃の缶詰が見えかくれしている。給食を食べる前に見てはいけないモノのようなドロドロ状態だ。

なんかぐちゃぐちゃや〜。

ところが食べてみると、これが割合にいけるのである。フルーツの酸味と牛乳がドッキングして、ヨーグルト風の新しい味わい。「おいしい、おいしい」と子供たちには好評である。先生だけが

「普通に食べるほうがいい」

などと言っていたが、わたしたち子供には、出てくる給食にひと手間かける行為がウケていたのだ。そして、そのメニューは定番となり、卒業するまでちょくちょく出てきていた。

という話を人にすると「放送があったなんて面白いねー」とよく言われるし、わたし自身も、どうしてあんなヘンなアイデアを投入したんだろう？　と、ずっと不思議だった。大阪ならではの遊び感覚か？

だけど、この原稿を書いていて、「あっ」と思った。

牛乳嫌いな子供のための、苦肉の策だったのではないだろうか。

わたしは好き嫌いが多かったので給食も苦手だったが、それでも運良く好きな物ばかりが並ぶ日もあったので、救われることもあった。でも牛乳が嫌いな子は毎日戦いだったんだよなぁ。そんな子供のために編み出された新フルーツポンチだったのではないかと思うと、なんだかとってもいい話のような気がするのである。

うちはクリスマスにケーキが出たよ
うちはワインゼリーっていうデザートがあったよ
鯨肉の唐揚げパイナップル入り甘酢漬けがあったよ
給食の話題になったときは、みんなひとつは「へぇ〜」というネタがあるようです

機内食

短大の海外研修旅行で「イタリア、フランス、イギリス17日間」というのに参加したのが、わたしの初海外だった。

それにしても、はじめて海外旅行に出かけたときのあのパワーはなんだったんだろう？　持って行ったフィルムだけで20本。しかも全部36枚撮りだ。他に、モノクロのフィルムとか、使い捨てカメラも持参していたのだから、相当な浮かれようである。

飛行機もはじめてだったので、空を飛ぶということにも手に汗を握っていた。

飛行機って、観覧車に乗るのとどう違うのだろう？

離陸する瞬間って体感的にわかるのだろうか？

大阪から、ひとまず東京の成田空港に行く飛行機の中で、わたしの興奮度はすでにおもかじいっぱいである。確か、わたしたちは100人以上の団体で、その大半が、初海外、初飛行機という境遇だったと思う。だから、飛行機が宙に浮いた瞬間、機内に大きな歓声と拍手が沸き起こっていた。

飛行機が飛んだだけで大喜びしているわたしたちのことを、他のお客さまたちはどう思って見ていたのでしょうか……。

しかも、大喜びしていたのは、小学生ではなく短大生である。

機内食にも胸を躍らせていた。

「ビーフとかチキンとか英語でこたえるらしいで」

「え、どうしよう、言えるかなぁ……」

などと、緊張し合った。

そして、いよいよ初機内食タイム。遠くから食べ物の匂いがただよってきた。フィルムをたくさん持っているわたしは、当然、機内食の写真もバシバシ撮影した。みんなも同じで、食事のたびに、機内でフラッシュが発光していた。

機内食はそれぞれの器にふたがされていて、開いた瞬間、わたしは「なんて美味しそうなんだ」と思った。デザートまでついているではないか！

狭い座席でちょこまかと食べた機内食の味は……残念ながら覚えていない。旅行の写真は実家に仕舞ったままなので、はじめての機内食はビーフを選んだのか、チキンか、フィッシュだったのかもわからない。食べている光景を思い出すことはできるのに、料理の印象はちっとも残っていない。まあ、機内食というのは、そういうものだろう。

ただ、小さなワインが1本ついていたので、それを飲まずにお土産として持って帰ったことは覚えている。17日間の旅行がはじまったばかりだというのに、最初の機内食ですでにお土産を調達しているビンボーくささ……。

もうひとつ記憶に残っているのが、機内食のナイフとフォークを記念に盗もうとした友達がいたこと。彼女は、飛行機の乗り継ぎのときに、金属探知のブザーに引っ掛かり係の人に失笑されていた。だけど、わたしは笑わなかった。わたしも記念にネコババしようかなとチラッと頭をよぎっていたから、やんなくてよかった〜、とホッとしていたのである。

機内食は飛行機のお楽しみ
わくわく
魚にしようかな〜お肉にしようかな〜
楽しみ
毎回、心が弾む
わく
わくわく
すごく美味しいってわけでもないんだけど
もぐもぐ

おもいでおかし
給食にたまに出た
パンにぬるチョコクリーム、
大人気だった
チョコクリーム
チョコクリームおいしいね
はい
お母さんにも
食べさせてあげたいと思って
給食の時、ガマンして
持って帰ってきた
おいしい?
うん
おいしい!!
でも今度は学校で
食べておいでね

夜なきそば

冬になるとどこからともなく聞こえてくる物悲しい笛の音。

チャラララーララララララ〜。

チャルメラの音色である。

大阪の実家に帰ると、まだこのメロディをたまーに聞くけれど、上京してからは耳にしたことはない。東京のわたしが今住んでいる街では、朝まで営業しているラーメン屋さんがたくさんあるし、夜なきそばの出番がないからかもしれない。

わたしがはじめて夜なきそばを食べたのは、小学校の低学年のときである。

年末になると、毎晩のようにあの笛の音が団地中にひびいてきた。普段なら、夜なきそばがやってくる時間は寝ていなければならないけど、冬休みだし、年の瀬だし、ということで就寝時間も甘くなっている。

「子供は早く寝なさい！」

と言われないことに味をしめ、わたしはどんどん夜更かしになり、チャルメラの存在を知るようになったのだ。

しかし、音は知っているけど、まだ一度も食べたことがない。幼いわたしは、屋台の味に興味津々だった。

ある夜。またまたチャルメラの音が聞こえはじめ、わたしが「きたきた」と思っていたら、

「久しぶりに食べよかなぁ」

なんと、父が夜なきそばを食べると言い出すではないか。家で作ると安い。いつもは却下する母だが、たまにはいいかと思ったようで、食器棚からごそごそとラーメン鉢を出してきた。

わたしは母と一緒に夜なきそばを買いに行ってもいいということになり、母に手をひかれて走った。

「急がんと、おっちゃん行ってしまう」

夜なきそばの屋台は、ちょっと離れた団地の路地を歩いていた。

おうちが歩いている！

その感じが面白く、わたしにもあれを引くことができたらどんなに楽しいだろうとワクワクしたものだ。

「すいませーん」

　母が声をかけると、屋台はピタッと止まった。

　おじさんは、もくもくと小さな屋台でラーメンを茹でている。夜空の下で、湯気が立ちのぼっていた。今よりうんと暗かった街の外灯の下で、オレンジ色にぼわっと光る夜なきそばの明かりは、さぞかし温かく見えたことだろう。

　おじさんが我が家のラーメン鉢にラーメンをざざっと入れてくれた。自分の家から持ってきた器に、おじさんの料理を入れる。なんとも不思議な感覚だ。熱々のラーメンをこぼさないように、ゆっくりゆっくり歩く母の後ろを、わたしも同じようにゆっくりゆっくりついて帰ったのだった。

　家に帰ると父は嬉しそうにそれを食べはじめ、わたしもお椀に少しわけてもらって食べた。味までは覚えていないけど、年末の夜なきそばのことは、ちょっと幻想的な風景として今でも心に焼きついているのである。

冬は夜なきそば食べたよね〜
えっ夜なきそば知らない？
ほら冬に住宅街に売りにくる
あっ雪？
電話の相手は北海道の出身でした

たこやき

大阪での会社員時代。お昼ご飯は、仲良しの同期の女の子たちと社員食堂を利用していた。総務部で購入する食券は給料から天引き。そのせいか、なんとなくタダ食いしているようなお得な気分だったが、もちろんそれは脳テンキな錯覚である。確か定食が200円くらい。すごく安かったから、いつも食堂で済ませていたけれど、たまに外の商店街であれこれ買って来て、みんなで会議室で食べることもあった。

その商店街にたこやき屋さんがあったのだが、もう、これがすごくいい味で、同期たちも、みんなたこやきだけは共通のおかずになっていた。たこやき6個で100円。これに、同じく商店街の揚げ立てコロッケと串かつ、パン屋さんでパンを2個ほど購入。学校帰りに食べるおやつみたいな昼食だったが、好きなものをこまごまとテーブルに並べて食べる楽しさといったら！　会社にいることを忘れて、みんなで盛り上がったひとときである。

それにしても、OLが昼食にハフハフとたこやきを食べる図って、なんと大阪っぽいことよ！

さて、たこやきである。

わたしが小学校の4年生くらいだっただろうか。いとこの家に遊びに行ったとき、

「たこやき食べに行こう」

と誘われた。さすが大阪の子供、接待はたこやきである。

案内されたたこやき屋さんは店内でも食べられるようになっていて、わたしといとこはテーブル席でたこやきが焼き上がるのを待っていた。

カウンターで焼いていたおばちゃんが、

「焼けたでぇー」

と持って来てくれた大きなたこやきは、もちろんできたてだ。かつおぶしが熱で踊っていた。だけどわたしは、それをひとくち食べて速攻で吐き出してしまった。中がまだ焼けていなかったのである。

わたしは小さな声でいとこに、

「これ食べたらお腹こわすで」

と忠告してあげた。しかし、いとこは「えっ？」と驚いている。さらに、

「大丈夫やで、おいしいやん」

などと食べつづけようとしているではないか。

だって、ほら、たこやきの中が焼けていないから、トロ～ッとしてるじゃないの！

わたしが主張しても、いとこは「これが普通」とゆずらない。

そもそも、たこやきの中って、本来トロ～ッとしているものなのである。

しかし、わたしの家の近くにあった市場のたこやき屋さんは、なぜか中までカリカリだった。おばちゃんが「これでもか、これでもか」と焼いているたまごの少ない固いたこやき……。わたしは、これがずっと「たこやき」というものだと信じていたので、トロ～は半焼けなのだと思ってしまったのである。

わたしは、はじめて出会ったトロ～のたこやきが気持ち悪くて食べられなかったのだけれど、徐々に慣れて、ついにはだんだんと美味しいと思うようになり、最終的には「こっちのほうが好きかも」となっていったのである。大阪生まれのわたしが、はじめて「正解のたこやき」を食べたのは、どうやらこのときだったようである。

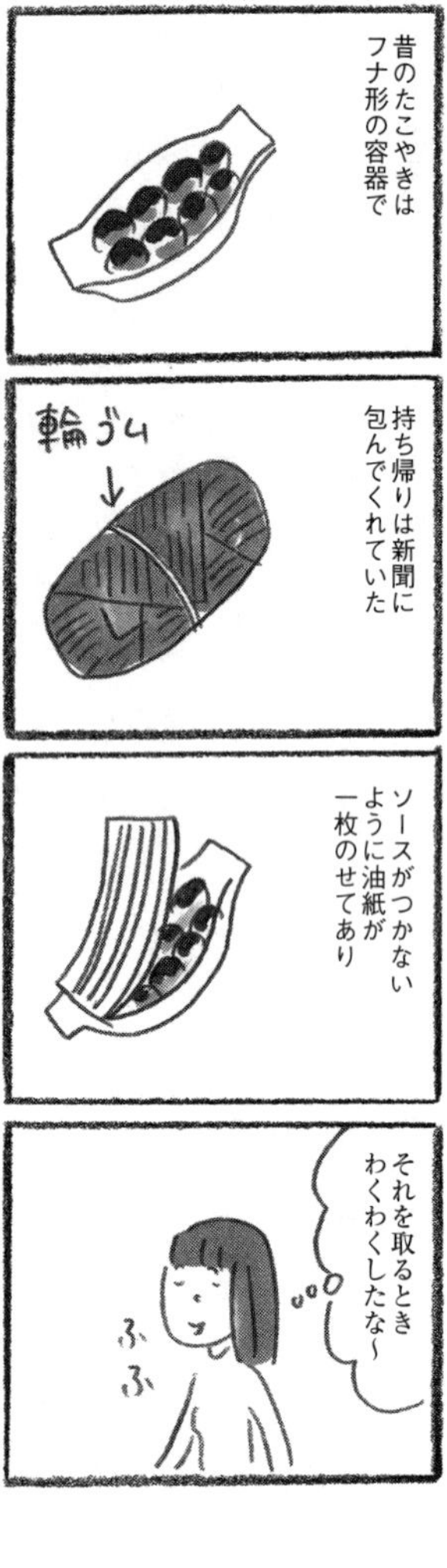
昔のたこやきは
フナ形の容器で
持ち帰りは新聞に
包んでくれていた
輪ゴム
ソースがつかない
ように油紙が
一枚のせてあり
それを取るとき
わくわくしたな～
ふふ

おもいで
おかし
セブンティーン
アイス
17歳の頃に
一番よく食べたアイス。
17歳である
自分たちが
誇らしくて
自慢だった。
食べる資格が
あると思ってた
コンビニ前で
スカート長めが
流行ってた…

バイキング

高校生になって初の夏休み。近所の総菜屋さんでアルバイトも開始し、中学時代に比べればうんとお金持ちになったわたしは、同じ高校の仲良しの友達4人と一緒に、新しくできた焼肉屋さんに晩ご飯を食べに行った。

その焼肉屋さんは大手のチェーン店で、バイキング方式の食べ放題だった。わたしはそれまで、バイキングというシステムを知らなかったので、

食べ放題ってどういう意味なんだろう?

いまひとつよくわからなかった。おそらくまだそういうものが普及していなかったんだろう。一緒に行った友達もみんな知らなかったように思う。だから、自由に好きなだけお肉を取りに行っていいと判明したときには、

「どんだけ食べてもええの!?」

大阪弁まるだしで大はしゃぎする女子高生5人組だった。

値段は忘れたけど「必ずモトをとる」という使命感に燃えていたことは覚えている。

わたしたちは浮かれて何度も肉や野菜を取りに走った。いくらでも食べられるのに、焼いているときは取り合いになり心休まらぬ夕食である。

しかし、それが途中から急激にパワーダウンした。お腹がいっぱいになったわけではない。理由は別にあった。

男である。

わたしたちと同じ中学だった男子のグループが、偶然、店に入って来たのだ。なんとなく顔は知ってるけど喋ったことはない、というビミョーな関係。店の中央にバイキングのテーブルがあり、それを隔ててわたしたちの陣地はあった。

高校生といえば恋を夢みる自意識過剰の年代。そんなとき、男子の前で、

「肉っ！　肉っ！」

などとドタバタできるわけがない。

「お腹いっぱいになってきたなぁ」

わたしたち女子チームはお肉をガツガツ食べたいのを我慢し、デザートのアイスキャンディをペロペロなめはじめたのであった。

一方、男子チームはというと、

「まだまだ食えるでぇ」

などと、わたしたち女子チームを意識して男らしさをアピール。肉を2枚3枚まとめて食べる勢いである。

しかも、これほど互いに意識しあっていたにもかかわらず、わたしたち女子チームと男子チームは挨拶をかわすことも、目を合わすこともなかったのだ……。

男子のひとりが大きな声で言ったセリフが忘れられない。

「俺アイス10本目や」

女子のウケを狙ってデザートのアイスキャンディを10本も食べていた青年。まさにカラダを張って青春を生きていたといえる。今から約20年前のあの焼肉屋さんには、焼肉の煙にも負けないくらいの「気恥ずかしい青春の香り」が充満しまくっていた。そしてそれは、周りの大人を完全に赤面させていたに違いないのである。

何回取りに行っても
いいバイキングは
わくわくするけど
サラダバー
一度しか取りに
行けないタイプは
真剣勝負だ
じーっ
ひととおり野菜を
入れたら
かさばる
レタスは少なめ
てのひらにフルーツを
のせて席に戻る

ビアガーデン

短大に入学してすぐの頃、友達から電話があった。知り合いの知り合いの大学生が主宰しているボウリング同好会に一緒に入らないかとのこと。男ばかりなので、他校の女子にも参加して欲しいのだという。

「入る!」

まだ一度も男の人とつきあったことがなかったわたしは即答である。まずは親睦会があるというので、いそいそ出かけて行ったのであった。

夜の7時。大阪駅近くのデパート屋上のビアガーデンが会場だった。年上の大学生と食事をするのも、ビアガーデンもはじめて。

ステキな出逢いがあるかもしれない!

大人の世界へと足を踏み入れるような気持ちだった。なのに、いざ行ってみると向こうは男子3人、こちらは女子2人。20~30人くらいはいると思っていたから、ずいぶん小規模でがっかりした。

しか〜し、このがっかりはほんの序の口だった。遅刻してきた、わたしの友達の友達という子が、すごい美人で、男性陣はすっかり彼女に夢中になってしまったのである。

その女の子にお姉さんがいるとわかると
「お姉さんも可愛い？」

などと、目の前にいるわたしを通り越し、お姉さんに会いたがる始末……。仕方がないので、わたしと、もうひとりの友達は、初ビアガーデンに集中することにした。

屋台みたいになっていて、自由に食べるシステムだった。空揚げとか、おでんとか。どれだけ食べても同じ値段だから、いっぱい食べた。機械からビールをジョッキに入れるのが楽しくて、年上の大学生たちにどんどん入れた。

うどんコーナーもあった。自分でうどんを茹で、つゆをかけて食べるのだ。わたしは、うどん屋さんになったつもりで、ザルにうどんの玉を入れ、ざっざっと威勢よくお湯きりをし、女友達に「うまいっ」と誉《ほ》められた。そして調子に乗って次々にみんなのぶんも作りつづけたわたし……。

ビールを入れ、うどんを茹で、こうして淋しく親睦会は終わっていったのである。

しかし、翌日。親睦会に来ていたひとりの男の子から電話がかかってきて、デートに誘われた。

どうしてわたし？

不思議だったけれど、会ってふたりで映画を観た。その人はビアガーデンにいたときに、わたしのことを気がきく女の子だなと見ていてくれたようだった。だけど実際は、単に自分が面白くてビールを入れたり、うどんを作っていただけ……。

わたしは、その人が全然カッコよくなかったから、映画が終わってお茶を飲んだらさっさと帰ってきた。誘われた事実が嬉しくて、会っただけのことだったのだ。その後、彼から電話がかかってきても冷たくして、それっきり。ボウリング同好会も入らなかった。そう、一番外見しか見ていなかったのは、このわたしだったのである。

あの青年はどんな大人になっているんだろう？

将来は警察官になりたいと言っていたけど、子供だったわたしは、そのとき「ふーん」と思っただけだった。

初ビアガーデン。それはわたしの若くて青い思い出なのである。

は〜
ゆかたでビアガーデンとか
行きたいな〜〜〜
などと言ってはみるものの
わたしはお酒が弱いのでした

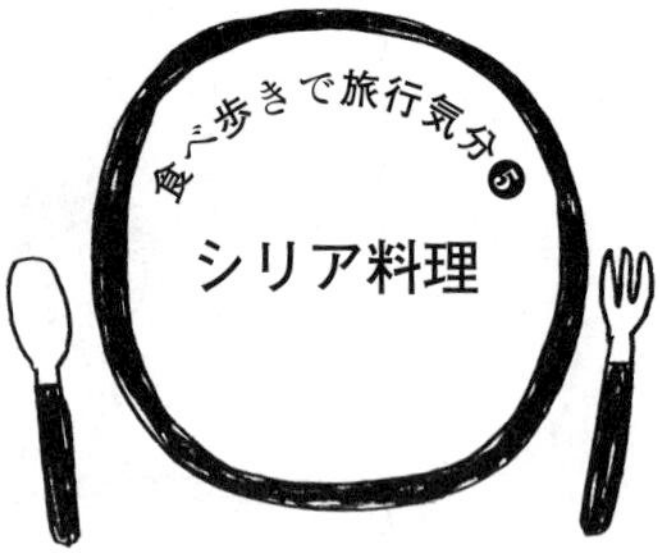

食べ歩きで旅行気分⑤

シリア料理

シリア料理のお店があるそうな。

はて、どんな料理なんだろう？

というわけで、友人と夜ご飯を食べに出かけた。シリアはトルコ、イラク、ヨルダンなどと国境がある中東エリアだ。エジプトにも近い。出かける前に世界地図で調べてみたわたしである。

店内に入ると、シリア人の店員さんが優しく出迎えてくれた。濃い顔だちの美男子だ。

メニューを開くと、写真入りでいろんな珍しい料理が載っていた。モロッコの料理などもあったけれど、せっかくなのでシリア料理だけを注文してみる。

最初に出てきたのは、小皿に入ったペースト3種類。

ホンモス（ひよこ豆のペースト）、ムタッバル（ナスとゴマのペースト）、ラップナ（ヨーグルトのペースト）。

これを、チャパティという薄くて丸いナンにつけて食べるのだが、これが美味しいのなんの！　どのペーストも見た目は白いクリーム状で薄味なんだけど、濃厚な後味が残る。特にラップナ。甘味のない固いヨーグルトという感じで、ねっとりとして最初は食べにくいんだけど、慣れてくるとクセになる。そして、このヨーグルトこそ、シリア料理には欠かせないものなのだ、というのが、後々わかってくる。

日本では、ヨーグルトはデザートって気がするけど、シリア料理では、サラダに使ったり、ピラフにかけたりと大活躍。小鉢に入ったヨーグルトに、千切りにしたきゅうりと細かい氷（！）が混ぜてあるサラダ、などというのも食べたが、広い世界にはいろんなサラダがあるんだなぁと感心してしまった。

イスラム教の教義によって、豚肉料理は一切なくて、牛肉とか羊肉などを使うのだそうだが、メニューを見ても、全体的に肉料理は少なく、豆とか野菜が中心なのでヘルシーだ。

タップーラサラダは、クスクスとコリアンダーとパセリのサラダ。クスクスとは、世界で一番小さいパスタ。これが生野菜にさっくり混ぜ合わさって入っている。そして、味付けはびっくりするくらい酸っぱい。レモン汁が、

「これでもか！」

とかかっているので、知らずに口に入れたら脳にひびく……。酸っぱいもの好きな人にはた

まらない一品だろう。

最後に食べたシリアの焼き菓子というのが、大ヒットだった。アラビアコーヒーと一緒に小皿に出てきたときは、可愛らしくて思わず歓声をあげてしまったくらい。それは、10円玉ほどの丸い小さな焼き菓子で、細かいパスタを鳥の巣のように焼いた中に、ぎっちりとピスタチオが詰められている。ピスタチオはカラメル風味。口に入れると、鳥の巣状のパスタがサワサワと崩れ、ピスタチオがカリッとこうばしい。シリアに行ったら、嫌っていうほど食べてみたいお菓子だ。でも、たぶん、シリアには一生行く機会がない気がする。行かないとは思うけれど、シリア旅行気分を味わえた夜だったのである。

おわりに

食べ物の思い出。

いつ、どこで、誰と、どんなふうに食べたのか。

忘れていることのほうが多いけれど、ずーっと鮮明に覚えていることもたくさんある。

そして、ずーっと鮮明に覚えているからといって、それがものすごく特別な日だったかというとそうでもなかったりするものだ。

わたしがコーラをはじめて飲んだ日も、ありふれた夏の午後だった。

友達が住んでいた平屋の集合住宅。太陽の光が届かないうす暗い台所。立ったままコーラを飲んでいる幼い日のわたし。そばにいた友達も、友達のお母さんも、おしゃべりして笑っていた。

どうってことのない夏の日にも、誰かと笑いあっていたんだな。

そう思うといい気持ちになる。

どうってことのない日が積み重なって過去はできあがっていくわけで、その、どうってことのなかった日に笑っていた昔の自分を思い出させてくれるコーラの存在。

小さいだろうか？

最初のひとくちって、未来の自分を勇気づけてくれる大きなひとくちにもなるんじゃないか。

そんなふうに思ったりするのである。

益田ミリ

２００７年８月

文庫版あとがき

初めてお米を食べた日。

初めて野菜を食べた日。

初めてお肉を食べた日。

初めてお刺身を食べた日。

初めてお菓子を食べた日。

誰にもかならずある、最初の、ひとくち。

わたしが初めてミルクを飲んだ日、若かった母はどんな気持ちだったのだろう。幸せな瞬間だったのだろうか。愛おしくてたまらなかったのだろうか。それとも、何も教えなくてもミルクを飲むことを知っている小さな赤ん坊に、神秘を感じていたのだろうか。

わたしの母は、わたしの最初のひとくちに、何度も何度も立ち会ってくれていたのだ。そう思うと、胸の奥が静かに温かくなる。

わたしには子供がない。子供を持たない人生というのは、最初のひとくちに触れる機会が少ないということでもあるんだなぁ。

しかし、それでも、わたしの人生は、いくつもの最初のひとくちを経て、その輪っかを太くしつづけている。誰と比べることもないのだと思う。

2009年12月

益田ミリ

この作品は二〇〇七年十月世界文化社より刊行されたものです。

幻冬舎文庫

●好評既刊
上京十年
益田ミリ

イラストレーターになりたくて貯金200万円を携え東京へ。夢に近づいたり離れたり、時にささやかな贅沢を楽しみ、時に実家の両親を思い出す。東京暮らしの悲喜交々を綴るエッセイ集。

●好評既刊
すーちゃん
益田ミリ

30代独り者すーちゃんは、職場のカフェでマネージャーに淡い恋心を抱く。そして目下、最大の関心事は自分探し。今の自分を変えたいと思っているのだが……。じわーんと元気が出る四コマ漫画。

●最新刊
マラソン・ウーマン
甘糟りり子

ケガ&手術がきっかけだった。目指すは1年後のロンドンマラソン。無謀な計画からアラフォーのランニング初心者が42・195キロを走り抜けた感動のストーリー！

●最新刊
糸針屋見立帖　逃げる女
稲葉　稔

「わたし……売られてきたんです」。糸針屋ふじ屋の前で倒れていた若い女・お夕はそう言って泣いた。千早と夏は、女衒に追われる訳ありの娘を救えるのか？　大人気時代小説シリーズ第三弾！

●最新刊
わたしのマトカ
片桐はいり

映画の撮影で一カ月滞在した、フィンランド。森と湖の美しい国で出会ったのは、薔薇色の頬をした、シャイだけど温かい人たちだった——。旅好きな俳優が綴る、笑えて、ジンとくる名エッセイ。

幻冬舎文庫

●最新刊
必死のパッチ
桂雀々

母親の蒸発と父による心中未遂。両親に捨てられた少年は、中学三年間を一人で暮らす。極貧と不安の日々でも、希望を失わなかったのは、落語があったから――。上方・人気落語家の感動自叙伝。

●最新刊
会社じゃ言えない　SEのホンネ話
きたみりゅうじ

働けば働くほど貧乏になるじゃん⁉　その理由は本書の中にある。決して会社じゃ言えないけれど、これが社会の現実だ！　超過酷な労働環境が教えてくれた、トホホな実態&究極の仕事論！

●最新刊
太郎が恋をする頃までには…
栗原美和子

恋に仕事に突っ走ってきた42歳の五十嵐今日子が離婚歴ありの猿まわし師と突然結婚。互いの寂しさを感じ、強く惹かれ合う二人。ある夜、彼は一族の歴史を語り始めた……。慟哭の恋愛小説！

●最新刊
早春恋小路上ル
小手鞠るい

大学に合格、憧れの京都で生活を始めたるい。夢見る少女の、初めてのバイト、初めてのキス。やがて、失恋、就職、結婚、離婚と、京都の街を駆け抜ける。恋愛小説家の自伝的青春小説。

●最新刊
ワタシは最高にツイている
小林聡美

盆栽のように眉毛を育毛。両親との中国旅行で「小津る」。モノを処分しまくるなまはげ式整理術。地味犬「とび」と散歩するささやかな幸せ。大殺界の三年間に書きためた笑えて味わい深いエッセイ集。

幻冬舎文庫

●最新刊
勘三郎、荒ぶる
小松成美

平成十七年、中村勘九郎は十八代目中村勘三郎を襲名。勘九郎としての激動のラスト四年間に加え、勘三郎となりさらに情熱を燃やす日々を綴る。戦い続ける男の姿が胸に迫る公認ノンフィクション。

●最新刊
酔いどれ小籐次留書　野分一過《のわきいっか》
佐伯泰英

江戸を襲った野分の最中、千枚通しで殺された男の死体を発見した小籐次。物盗りの仕業と見立てたが、同様の死体が野分一過の大川で揚がり、事態が急変する。大人気シリーズ、第十三弾！

●最新刊
ぐずろ兵衛うにゃ桜　春雷《しゅんらい》
坂岡　真

古着屋の元締めが殺された。横着者の岡っ引き・六兵衛は下手人捜しに奔走するが、ご禁制の巨砲の図面を手に入れたことから、義父と共に命を狙われてしまう。異色捕物帳、陰謀渦巻く第三弾！

●最新刊
確実に幸せになる恋愛のしくみ20
桜沢エリカ

「三十歳になったらモテない？」「好きになる人は既婚者ばかり」「年下男と上手に付き合うには？」……幾多の恋愛を経て、幸福な結婚を手に入れた著者が、悩める女性たちに恋の秘策を伝授。

●最新刊
幸運を引き寄せる　天使のカラーヒーリング
高坂美紀

毎朝巻頭のエンジェルカードを引くだけで、色の力で守られ、心は癒され、不思議な力で幸運が集まり出す。スピリチュアルな力のあるカラーコンサルタントが見つけ出した、究極の幸運を呼ぶ術。

最初《さいしょ》の、ひとくち

益田《ますだ》ミリ

平成22年2月10日　初版発行
令和7年5月30日　9版発行

発行人――石原正康
編集人――宮城晶子
発行所――株式会社幻冬舎
〒151-0051東京都渋谷区千駄ヶ谷4-9-7
電話　03(5411)6222(営業)
03(5411)6211(編集)
公式HP　https://www.gentosha.co.jp/
印刷・製本―中央精版印刷株式会社
装丁者――高橋雅之

幻冬舎文庫

ISBN978-4-344-41439-6　C0195　ま-10-3

この本に関するご意見・ご感想は、下記アンケートフォームからお寄せください。
https://www.gentosha.co.jp/e/